우리는 서로를 보며 자란다

할머니라는 계절

서오자 글

들어가는 말

나는 교육열이 높은 엄마였다. 아이들이 목표한 대학에 가기 위해 노력하는 모습이 기꺼웠고, 그 꿈을 이루어주고 싶어 결혼 17년 만에 주말부부를 시작했다. 아이들보다 한 시간 일찍 일어나 소화가 잘되는 아침 식사를 준비하고, 새벽같이 등교하는 딸을 학교 정문까지 데려다주었다. 그렇게 어렸던 아이들은 어느새 훌쩍 자라 어엿한 사회인이 되었고, 큰딸은 결혼해 나에게 두 손주까지 안겨주었다. 손주들을 보고 있으면 두 딸의 어린 시절이 문득 떠오른다. 사람은 나이가 들면 추억을 먹고 산다는데, 생각해 보니 내게는 아이들의 성장 과정이나 그 시절을 되새길 만한 매개체가 없었다. 색이 바랜 사진첩 몇 권이 전부였다. 그마저도 사춘기를 지나 휘몰아치는 입시를 겪고, 그렇게 성인이 되면서 사진을 찍을 여유도, 인화할 틈도 없이 시간이 흘러가 버렸다.

요즘 젊은 부부들은 핸드폰 앱으로 육아 기록을 남긴다고 한다. 내가 두 딸을 키울 땐 사는 게 너무 바빠 육아를 기록으로 남긴다는 생각조차 하지 못했다. 그래서일까, 요즘 젊은 부모들이 정말 현명하구나 싶고, 한편으론 부럽기도 했다. 그래서 손주가 태어나면 두 딸에게 미처 남겨주지 못한 육아일기를 대신해, 엄마가 된 딸과 손주의 성장 과정을 함께 기록하고 싶었다. 딸에게 쉽게 꺼내지 못했던 진심을, 손주들에게는 너와 함께 엄마도 할머니도 성장했다는 걸 알려주고 싶었다. 다만, 본격적으로 쓰기엔 어쩐지 부끄러워 핸드폰 메모장에 일기 쓰듯 끄적였다. 손주를 돌본 후 집으로 돌아가는 길이면 아무리 힘들어도 여지없이 짧은 글이라도 썼고, 어떤 날은 내 안에 전하고 싶은 이야기가 이렇게 많았나 싶을 정도로 긴 글이 써지기도 했다. 그렇게 훗날 아이들에게 전해줄 이야기는 하나둘씩 쌓여가기 시작했다.

  어느 날, 작은딸이 미처 닫지 못한 <할머니의 육아일기>를 보게 됐다. 그날 이후로 정신을 차리기 어려울 정도로 빠르게 일이 진행됐고, 내 인생에서 노트북 앞에 가장 오래 앉아 있던 시간이 흘렀다. 그리고 이렇게 할머니의 핸드폰 메모장 속 이야기는 세상에 나오게 됐다. 두 딸 덕분에 더 많은 사람들과 내 이야기를 나눌 수 있게 되었고, 그 자체만으로도 참 고맙고 기쁘다. 난 여전히 아이들을 통해 많은 걸 느끼고, 배우고 있다. 그래서 '실전 육아 팁!' 같은 건 아쉽게도 없지만, 그럼에도 작은 욕심을 내자면, 이 이야기가 많은 할머니와 엄마들에게 작게나마 공감과 위로가 되었으면 한다.

2025년 5월, 서오자

목차

봄

할머니 될 결심 ···15

예, 제가 할머니입니다. ···18

첫 만남은 계획대로 되지 않아 ···20

동상이몽 ···23

라떼는 말이야... ···25

작은 강아지와 작은 인간 ···27

잘 자라 우리 아기 ···29

이것도 내력인가요? ···31

똥이다! ···34

나는 젊은 할머니니까 ···36

포대기 ···38

입은 닫고 지갑은 열어라 ···40

뭣이 중헌디 ···42

환영해, 아 잠깐만 ···44

누구 방귀야? ···46

올 것이 왔다 ···48

또 한 번의 봄 ···50

우리는 서로를 보며 자란다

여름

정신 차려 이 각박한 세상 속에서 ···53

세뇨, 달세뇨 ···56

방학은 국룰이야 ···58

우리는 친구! ···60

휴가인 듯 휴가 아닌 휴가 같은 ···62

사랑 더하기 ···65

이래도 되나, 싶다가도 ···67

할머니 수난 시대 ···69

할머니 어디가? 가지 마! ···71

해바라기도 가끔 목이 아프죠 ···74

아침 알람 그런데 이제
생생한 목소리를 곁들인... ···76

신개념 다이어트 ···79

가을

할아버지가 서봉의 으뜸이어라 ···83
딸이 자꾸 부른다 ···85
바보X2 ···87
넌 핑계를 대고 있어 ···90
당신은 우리와 함께 갈 수 없습니다 ···93
구구단을 외자 ···95
남편은 남편 ···97
포포의 시간은 거꾸로 간다 ···100
전설의 빨간 고무대야 ···102
사랑은 움직이는 거야 ···105
이모는 내꺼야 ···108
배터리가 부족합니다 ···111
웅이 언어 설명서 ···113
아나바다 ···116
퍼피구조대 ···118
셀프처방 ···121
화장품이 왜 거기서 나와 ···123
판박이 스티커 ···125

겨울

마이 프레셔스 ···129

0부터 10까지 ···132

콩깍지가 아니야 ···135

묻고 더블로 가! ···137

나는 알코올 프리 근데 취해 ···140

시간의 속도 ···142

쉬 안 마려워요 ···144

남매 전쟁 ···146

어디 어디 숨었니 민들레 ···149

너를 사랑하는 100가지 방법 ···152

여행을 떠나요 힘들 게 별로 없어요 ···154

부부싸움은 눈치싸움 ···157

동생 관찰 일지 ···160

가족 카톡방 ···163

할머니의 할머니, 내 순창 할머니 ···165

인물소개

할머니

서봉의 실세(라고 생각하는), 눈치 백단 엄마.
안되는 건 안 된다고 말할 줄 안다고 생각하지만,
사실은 뒤에서 다 해주는 츤데레다.
19년간의 딸 양육을 마치고 자유로운 영혼을
즐기다가 손주 육아에 뛰어들었다.

할아버지

서봉에서 알아주는 사랑꾼이자 딸바보.
딸들을 키우며 단 한 번도 혼낸 적 없고,
늘 착한 역할을 도맡았다.
5년 전, 딸바보에서 손주 바보로 진화했다.

큰딸

책임감 강하고 성실한 전형적인 첫째.
아빠의 서글픈 사슴 눈을 못 본 체하며
일찍 결혼했다. 딸이었다가, 언니였다가,
사랑스러운 웅이, 설이의 엄마가 되었다.

사위 (이서방)

여유롭고, 때로는 느긋한 충청도 남자.
다정한 본래 캐릭터 속에 뼛속까지 이과인
공대남이 가끔 등장한다.
자상한 남편, 재밌는 아빠, 사근사근한 사위
세 가지 역할을 맡고 있다.

첫째 손주 (웅이)

엉뚱한 말로 모두를 웃게 만드는 첫째 손주.
또래보다 덩치가 크지만, 여린 마음을 가진
반전 매력의 소유자다.
스스로를 유치원 다니는 오빠라고 칭하며
제법 의젓하게 군다.

둘째 손주 (설이)

인디언 보조개가 매력적인 둘째 손주.
찡끗 웃음 한 번으로 모두를 쓰러뜨린다.
오빠에게 치이면 어떡하나 걱정했건만,
결코 지는 법이 없다.

작은딸

귀차니즘의 최고봉.
어릴 적 언니의 밥을 대신 먹어줘서 그런지(?)
여자 친척 통틀어 키가 가장 크다.
대부분의 일을 귀찮아하지만
포포와 조카 일만큼은 예외다.

반려견 (포포)

사랑스러운 갈색 털의 푸들 강아지.
12살 된 강아지 중에 가장 예쁘다.
감정이 메마른 작은딸의 유일한 눈물 버튼이다.

우리는 서로를 보며 자란다

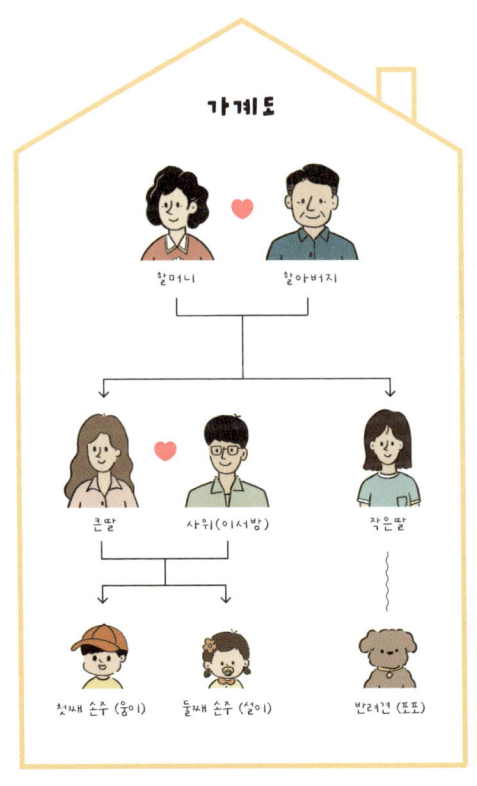

이 책은 작가의 의도와 육아 현장의 생생함을 살리기 위해 문법, 어휘 선택 등에서 작가의 표현을 그대로 살린 부분이 있습니다. 모쪼록 따뜻한 마음으로 읽어 주시기를 바랍니다.

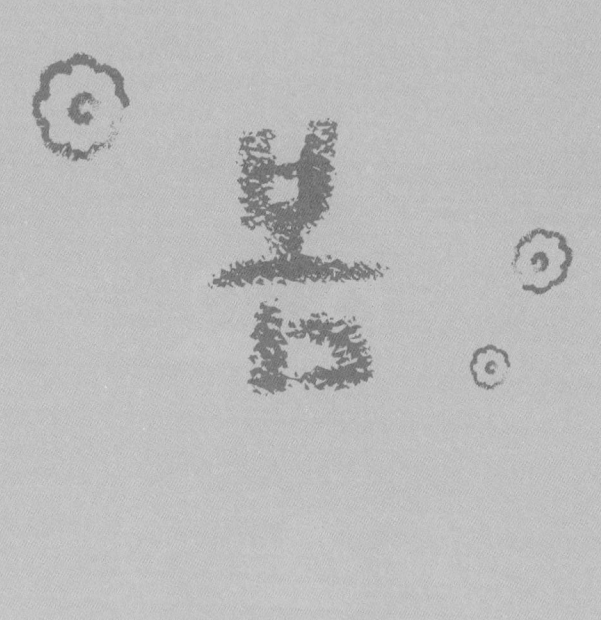

할머니 될 결심

 엄마, 이제 할머니라고 불리게 될 거야!

뭐? 내가... 할머니가 된다고? 지금 뭐라고 했니? 몇 초간 딸의 말을 이해할 수 없었다. 큰딸 부부가 지역에서 가장 맛있다고 이름난 소갈비 전문 식당에서 저녁을 먹자고 하더라니, 이게 모두 임밍아웃을 위한 큰 그림이었던가! 평소처럼 단란하게 모여 소소한 일상을 나누고, 함께 맛있는 소갈비를 먹을 생각뿐이었던 내게, 인생에서 두 번째로 놀라운 소식이 날아들었다. 갑작스럽고도 엄청난 경사에 많은 축하가 오가고, 모두가 기뻐하며 못내 신기해하는, 웃음이 끊이지 않은 시간이었다.

내가 생각한 할머니의 이미지는 꽤 구체적이었다. 무조건 70대, 못해도 65세 이상. 머리카락은 새하얗고 이마와 눈가에 주름이 잘고 깊다. 오랜 내공으로 손맛이 좋은 만큼 손등은 거칠고, 곁에 가면 특유의 푸근한 곡물 냄새가 배어 있는 사람. 나는 평소 먼 미래를 상상하는 일이 도통 없는데, 할머니라는 호칭도 그저 멀고 낯선 말이었다. 여전히 한 살이라도 더 어리게 봐주었으면 하는 마음에 좋은 기초 화장품을 쓰고, 손에 물이 닿으면 꼬박꼬박 핸드크림을 바르고, 꾸준히 콜라겐을 챙겨 먹는 등 나름의 작은 사치도 즐겼다. 덕분에 주위 사람들은 내게 여전히 젊고 힙하다는 듣기 좋은 말을 종종 해줬다. 그리고 무엇보다, 당시 내 나이는 겨우(?) 50대 중반이었다. 그런 내가... 할머니가 된다고?

딸의 임신 소식을 들었을 때의 놀라움과 기쁨도 잠시, 어느새 '할머니'라는 단어를 잊고 지냈다. 입덧이 시작되자 평소 딸이 좋아하던 음식을 맛있는 식당에서 포장해 가거나, 또 직접 만들어 주고 자주 함께 먹으며 시간을 보냈다. 임신 전 평범한 보통의 날들과 크게 다르지 않았다. 그저 날이 갈수록 남산처럼 불러오는 큰딸의 배를 보며 '아, 곧 아기가 태어나겠구나.' 싶을 뿐이었다. 그러면서도 은연중에 딸이 엄마가 되는 거지, 내가 할머니가 되는 건 아니라고 생각했다. (뭐가 다른지 묻지 마시길...) 그렇게 할머니라는 단어가 귀에도 입에도 익숙해지지 않은 채 시간은 흘렀고, 딸이 10개월 동안 고이고이 품었던 그 아기는, 내가 사랑하는 세상의 초록이

고개를 내밀려고 시동을 거는 계절 우리 곁에 찾아왔다.

글을 시작하자마자 결론부터 말하자면, 어느덧 시간이 흘러 내게 할머니라는 호칭을 처음 안겨준 첫째 웅이는 올해 유치원에 입학했고, 둘째 설이는 첫돌을 맞았다. 이제 빼도 박도 못하는 노련한 경력직 할머니가 된 셈이다. 문득 재작년 웅이의 하원을 위해 처음으로 어린이집을 방문했던 날이 떠오른다. 원장 선생님이 웅이의 손을 내게 건네주며 듣기 좋게 말씀해 주신 말을 아직도 잊지 못한다. (첫 방문이라 많이 꾸미고 갔다.)

"어머! 이모이신 줄 알겠어요. 요즘은 아이를 늦게 낳기도 하고, 반대로 할머니들은 너무 젊으셔서 분간이 잘 안돼요."

그렇다.
사실 난 아직 연륜이 지긋한 할머니처럼 보이진 않는다. 호호

예, 제가 할머니입니다.

난 결코 상상력이 풍부한 편이 아니다. 그럼에도 손주와의 첫 만남을 여느 드라마들처럼 그려보곤 했다. 신생아실 앞에 온 가족이 옹기종기 모여 있고, 큰 통창 너머 잠이 든 아기를 바라보며 감동의 눈물이 또르르 흐르는 그런 장면 말이다. 이토록 벅찬 첫 만남을 기대했건만 현실은 팬데믹으로 인해 산부인과에는 보호자 1인, 즉 아기 아빠만 동행할 수 있었다. 아니, 아무리 시국이 이래도 그렇지, 출산할 때는 친정엄마도 옆에 있어야 하는 거 아니야? 딸은 어쩌면 엄마보다 남편이 더 든든했을지 몰라도, 나는 불안하고 무서워할 딸 생각에 눈물이 났다. 사실, 딸보다 내가 더 무섭고 불안했다. 딸의 옆에 있어 주고 싶었다.

곧 출산을 앞둔 딸보다 오히려 내가 더 마음 졸이던 날들이 지나고, 마침내 아기가 태어났다. 사위가 병원에서 찍은 동영상을 메신저로 보내왔고, 나는 그렇게 무려 비대면으로 아기를 처음 마주하게 됐다. 신생아실 앞에서 눈물 나는 애틋한 첫 만남을 꿈꿔 왔는데, 핸드폰 액정이라니! 심지어 쌍방도 아니고 일방이라니! 하지만 작은 화면 속 영상을 재생하는 순간 느꼈다. 내가 이 작은 아기의 할머니구나. 짧은 동영상 하나를 열 번, 스무 번 반복해서 보았다. 그리곤 속으로 크게 외쳤다. 이 아기가 내 손주야! 내가 이 아기의 할머니야! 인생 처음으로 선겁다*는 말을 온몸으로 실감했다. 제삼자의 눈으로 봤다면 갓 태어난 아기는 쭈글쭈글하고 동글동글한 찐 감자 같은 모습이었겠지만, 내 눈에는 어쩜 이리 예쁠 수가 없다. 그야말로 세상에 강림한 아기 천사였다. 그렇게 나는 그 누구보다도 '할머니'라는 말을 스스로 가장 먼저 외치게 되었다.

* 감동을 일으킬 만큼 훌륭하거나 굉장하다. 표준국어대사전

첫 만남은 계획대로 되지 않아

산부인과부터 조리원까지, 유난히 길게 느껴졌던 3주가 흘렀다. 조리원에서 퇴소한 딸의 집으로 향하는 길, 많은 생각이 스쳤다. 우선 내 딸을 1순위로 생각하자. 몸조리 외에는 아무것도 신경 쓰지 않을 수 있도록 편안한 환경을 만들어주자. 능숙하고 든든한, 누구보다 편한 산후 도우미가 되어주자. 그리고 아이들의 육아 방식을 존중해주자. 그렇게 마음속으로 다짐하고 또 다짐했다. 오랜만에(?) 만난 딸은 외양과 분위기가 사뭇 달라져 있었다. 무서울 정도로 불룩했던 배는 완벽히는 아니어도 얼추 들어갔고, 부기도 제법 빠져 있었다. 그런 딸의 품에는 갓난아기가 안겨 있었다. 이 아기가 내 딸이 낳은 아이라는 사실이 믿어지지 않았다. 이제 이 아기는 '웅이'라는 이름으로 불리게 되었다. 너의 이름은 웅이란다. 웅이야. 처음 불러본 그 이름이 입에 익기도 전에 마음 깊숙이 스며들었다. 낯설지만 너무도 반가운 이름, 웅이야.

 딸, 사위, 그리고 나는 3인 1조가 되어 아기의 보호자이자 돌보미가 되었다. 쪽잠으로 버텨가며 밤낮없이 우는 웅이의 기저귀를 갈아주고 분유를 먹였다. 웅이가 낮잠을 잘 때면 서둘러 요리를 해 딸과 사위를 먹이고, 하루에도 세탁기를 서너 번씩 돌려가며 빨래했다. 몸은 고됐지만, 웅이의 배냇짓 웃음 한 번으로 모든 피로가 사라졌디. 그리고 무엇보다도 30년 전 우리 엄마가 내게 해주셨던 몸조리를 어느새 다 큰 내 딸에게 해주는 날이 왔다는 사실이 참으로 감동적이었다. 항상 아이 같은 딸인지라 육아와 관련된 모든 걸 나에게 의지할 거라 생각했다. 내가 가진 모든 노하우를 총동원해, 내 첫 아이와 첫 손주를 위해 기꺼이 아름다운 희생을 각오했다.

 그런데 내가 방심한 게 하나 있었다. 요즘 애들은 정보가 넘쳐나는 세상에 살고 있어서 그런지 똑똑해도 너무 똑똑하다는 것이다. 육아 방식이 궁금할 때면 딸은 핸드폰을 꺼냈고, 터치 몇 번만으로 정답을 찾은 듯 자신만의 육아 철학이 조금씩 확고해졌다. 내가 살면서 몸소 겪은 경험을 이야기해 줘도 듣는 둥 마는 둥 흘려버리는 것 같아 서운했다. 하지만 애써 마음을 다잡으며 생각했다. 그래, 그럴 수도 있지. 그렇게 배워가며 미숙하더라도 엄마, 아빠가 되어가는 거겠지.

훗날 누군가 내게 물었다. 알 수 없는 이유로 우는 웅이, 언제나 철없어 보이는 아들 같은 딸, 그리고 싹싹하고 무척 예의 바른 사위 중에 누가 가장 힘들었냐고. 난 주저 없이 ♡♡라 말했다.

동상이몽

나는 딸들에게 분유를 줄 때면, 한쪽 팔로 아기를 가슴에 밀착해 안고 두근거리는 심장 소리를 들려주며 먹였다. 그런데 내 몸조리를 해주셨던 친정엄마는 양반다리를 한 채, 한 손으로 머리만 받쳐 수유했다. 그 당시 난 그런 친정엄마의 모습이 어쩐지 거리감 있어

보였고, 아기가 무서워할지도 모른다는 생각이 들었다.

그때 친정엄마는 아무런 말도 하지 않으셨다. 그리고 30년이 흐른 지금, 한때는 썩 좋아하지 않았던 그 모습 그대로 나 역시 웅이에게 분유를 주고 있다. 한 가지 다른 점이 있다면 분유를 다 먹고 야무지게 트림까지 마친 웅이를 오랫동안 안아준다. 그리고 웅이의 심장 소리와 따뜻한 체온을 천천히 느낀다. 문득 옛날 생각이 떠올라 조리원에서 '수유의 정석'을 배워 온 딸 부부가 과연 날 어떻게 봤을지 궁금해 슬쩍 눈치를 보았다. 그러자 사위와 딸이 서로 손짓과 눈빛을 교환하며 '수유 방법이 맞는 거야?' 하는 듯한 모습을 봤다. 애써 못 본 체했다. 한 번만 먹이고 끝날 수유가 아니니 나도, 아기도 편하면 되는 거 아닐까? 과연 정답이 있는 걸까? 그렇게 마음속으로 되뇌며 오늘도 나름의 방법으로 분유를 주며 최선을 다해 사랑한다.

라떼는 말이야...

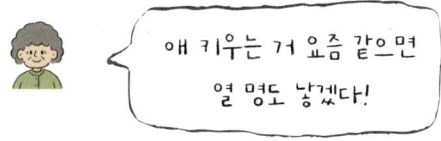

30여 년 전, 내가 큰딸을 낳아 키우고 있을 때 친정엄마가 내게 한 말이다. 지금 내 눈엔 딸이 아주 편한 세상에서 웅이를 양육하는 것 같은데, 그때 친정엄마도 나를 보며 같은 생각을 하신 걸까?

딸과 나는 육아 방식이 아주 다르다. 딸은 육아하다 궁금한 점이 생기면 아동 전문가의 책이나 유튜브를 찾아보며 초보 엄마로서 최선을 다하고 있다. 내 의견을 묻는 듯하다가도 결국엔 본인이 찾아낸 방식을 선택한다. 어떨 때 왜 내 의견은 듣지 않는 건지 속상할 때도 있지만, 결국은 딸의 자식이니 원하는 방향대로 맞추어 주는 편이라 생각한다. (딸은 나한테 맞춰주고 있다고 생각하는지도 모르겠다.)

아이 빨래는 세탁기와 세제를 따로 쓰고, 설거지 세제와 수세미도 따로 쓴다. 이유식 구독(정기배송), 젖병 소독기는 필수 아이템이다. 세상에 놀랍고 편리한 육아용품이 얼마나 많은지, 시대가 변하니 초보 할머니인 나도 변해야 했다. 천 기저귀가 아이 몸에 훨씬 좋다고 한들, 바쁜 현대사회에서 편한 일회용 기저귀를 제쳐두고 천 기저귀만 고집할 수는 없지 않은가. 심지어 일회용 기저귀도 잘 나온다! 그래서 '이건 없어도 돼. 저건 굳이 필요하니?'라고 말하는 대신 '이거 정말 참신하다. 그것 참 편하겠다.' 바꾸어 말한다.

아아- 친정엄마에게 외쳐본다.
엄마! 세상 참 좋아졌지? 나도 요즘 같으면 열 명은 낳겠어!

작은 강아지와 작은 인간

첫 손주가 태어나기 훨씬 전부터 내 마음을 빼앗아 간 원조 아기가 있다. 바로 우리 집 사랑둥이 강아지 포포다. 포포는 두 딸이 대학교 근처에서 함께 살 때 입양해 키운 작고 똘똘한, 뽀글거리는 갈색 털이 매력적인 귀여운 푸들이다. 큰딸이 결혼하면서 작은딸이 맡아 키우다가 작은딸과 함께 본가인 서봉으로 오게 되었다.

큰딸의 임신 소식을 들은 후 우리는 '포포와 곧 태어날 아기가 서로 아껴주고 사랑하며 공존할 방법'을 찾아야 했다. 우리 가족은 포포를 포함해 유대감이 아주 끈끈하고 왕래가 잦아 웅이와 포포를 완전히 분리하는 것은 현실적으로 불가능해 보였다. 그래서 웅이가 태어나기 전, 비슷한 상황을 겪은 지인에게 물어보거나 유명

한 반려견 훈련사의 영상을 찾아보는 등 만반의 준비를 했다. 내게는 정말 순하고 사랑스러운 강아지이지만 언제든 돌변할 수 있는 동물이라고 생각했다. 특히 신생아가 있으니 더욱 조심해야 했다. 머릿속으로 수많은 시뮬레이션을 돌려보고 경우의 수를 따져봐도 정답은 없었다. 어쩔 수 없다. 일단 부딪혀 보자.

웅이가 태어난 지 백일이 됐을 무렵 포포와 웅이가 첫만남을 가졌다. 포포는 큰딸 집에 들어서자마자 그동안 맡지 못했던, 집안 곳곳에 베인 낯선 웅이의 냄새를 찾아다니며 연신 코를 킁킁거렸다. 그리곤 멀찍이서 웅이를 잠시 쳐다보며 멈칫하더니 조심스레 다가가 그 옆에 슬그머니 눕는 것이 아닌가! 이건 정말 예상치 못한 장면이었다. 이토록 작고 귀여운 생명체들이 함께하는 모습이라니! 모두 같은 마음이었는지 너도나도 핸드폰을 꺼내 사랑스러운 두 조합을 마구 찍어댔다. 머리를 맞대고 상상했던 장면에 없던 모습이었기에, 그 감동은 더욱 깊었다.

겨우 눈만 뜬 채 누워있던 자그마한 웅이를, 포포가 보기에도 자신이 지켜줘야 할 대상으로 느껴졌던 걸까. 그 후로도 손주를 돌보러 딸의 집에 가는 날이면 가끔 포포를 데려가 웅이의 체취를 느끼게 해주었다. 그렇게 둘은 자연스레 함께 성장했다. 웅이가 부쩍 자기표현을 잘하게 된 이후부터는 날 보며 말한다. "함무니, 다음엔 포포랑 같이 와~"

잘 자라 우리 아기

 분유를 먹다 잠이 든 웅이를 보고 있으면 어느새 나도 덩달아 하품이 나온다. 심할 땐 꾸벅꾸벅 졸기까지 한다. 아기가 잠든 사이 해야 할 일이 태산이건만, 딸의 육아 동지가 된 이후부터 내 수면 패턴도 웅이를 따라간다.

 깊은 잠에 빠진(것처럼 보이는) 웅이는 쿨쿨 잘도 잘 것 같은데, 품에서 쌔근거리며 꿈나라로 간(것처럼 보이는) 웅이를 침대에 눕히는 순간 어디서 천둥이라도 쳤는지 눈을 번쩍 뜬다. 그리고 어김없이 울음을 터뜨린다. 등에 동작 감지 센서가 달린 것이 분명하다. "기저귀도 갈았고, 시간 맞춰 분유도 줬는데, 도대체 왜 깨는 거니?" 왠지 억울한 마음에 소리 내 물어본 적도 여러 번. 경력 만

땅이라고 자부하던 할머니 체면이 무색해질 만큼 같이 울고 싶어지는 순간이다.

안락하고 따뜻했던 엄마 뱃속에서 나와 처음 마주한 이 넓은 세상이 무서웠던 걸까. 딸과 교대하며 밤낮없이 쪽잠으로 버텨보지만, 잠이 부족해 언제나 수면욕이 뇌를 지배한다. '아기는 잘 잘 때 가장 예쁘다'는 말을 몸소 체감한다. 가끔은 서너 시간 만이라도 푹 자고 싶은 마음에 손주가 잘 자길 바랄 때도 있다. 그럴 때면 내 수면욕이 민망해 속으로 변명(?)해 본다.

아기는 낮잠을 많이 자야 해!
일찍 자야 성장호르몬이 많이 나와!
많이 자야 쑥쑥 커!

아~ 잠든 아기는 천사다.

이것도 내력인가요?

또래보다 배냇머리 숱이 많았던 웅이는 백일이 되자 머리가 제법 덥수룩해졌다. 우리 눈에는 어떤 모습이든 예쁘지만, 한 번쯤 정리할 때가 된 것 같았다. 큰딸이 어린이 전문 미용실을 찾아보며 고민하던 차에 사위가 직접 잘라보겠다고 나섰다. 아들이 생기면 언젠가 한 번은 해보고 싶었던 건지, 아기용 미용 도구까지 구비하며 제법 본격적이었다. 아직 고개를 제대로 가누지 못하는 웅이를 위해 가위 대신 바리캉을 택했다. 윙윙 울리는 낯선 진동 소리, 혹은 제 몸을 꼭 안고 있는 엄마의 손길이 불편했던 걸까. 웅이는 처음 겪는 이 낯선 경험에 놀라 눈물 콧물을 다 쏟으며 저항했다.

서툴지만 빠른 손놀림으로 겨우겨우 이발을 끝마친 사위는 비 오듯 흐르는 땀을 닦으며 숨을 몰아쉬었다. 전문가가 아니니 솔직히 결과는 조금 엉성했지만, 사위의 노력이 예뻐 본심(?)과는 다르게 잘 잘랐다고 말해주었다. 그 후로도 두세 번은 더 웅이의 미용을 책임졌다. 하지만 웅이가 걷기 시작한 후로는 큰딸의 저지로 더는 직접 하지 못하고 어린이 전문 미용실을 이용했다. 매일같이 보던 웅이 얼굴에 익숙했기에 미용 전문가의 손길이 닿은 웅이를 보니 '우리 웅이가 이렇게나 멋진 얼굴이었나?' 하는 생각이 새삼스레 들었다.

그동안 왜 제가 직접 잘라줬나 모르겠어요. 지금 보니 웅이한테 미안하네요. ㅋㅋ

함께 예전 사진을 보던 중, 사위가 웅이 얼굴을 가리키며 말했다. 사실 나도 어릴 적 내 딸에게 미안한 일이 있었다. 큰딸은 머리숱이 많아 그저 길게 기르고 예쁘게 묶어주기만 하면 세상 깜찍한 어린이가 되곤 했는데, 반면 둘째 딸은 유난히 머리숱이 적었다. 그래서 머리를 그냥 기르기도, 묶어주기도 참 애매했다. 이런 내 고민이 겉으로 드러났는지, 주위 어른들은 입 모아 "아기는 머리를 한 번 빡빡 밀어주면 숱도 많아지고 예쁘게 자라."라고 말했다. 그 말을 곧

이곧대로 믿은 나는, 돌 무렵 한 치의 망설임도 없이 딸의 머리를 시원하게 밀어버렸다.

아뿔싸! 당연히 내 눈에는 귀여웠지만, 머리가 다시 길게 자랄 때까지 처음 보는 사람들은 하나같이 내가 남매를 키우는 줄 알았다. 아기들은 얼굴만 봐서는 성별이 티가 나질 않으니, 머리만 보고 깜찍한 딸과 보동보동한 아들이라고 생각한 것이다. 애석하게도 작은딸은 머리카락이 길게 자란 후에도 여전히 머리숱이 많지 않았다. 내 실수(?)를 만회하고자 머리카락을 열심히 볶아주곤 했다. 지금도 둘째 딸의 어릴 저 사진을 보면 '내가 왜 그랬나 몰라!' 하며 웃으며 사과하곤 한다. 예나 지금이나 다들 비슷한 시행착오를 겪는구나 싶다.

똥이다!

 이유식을 먹기 시작한 뒤로 웅이의 응가 냄새가 부쩍 심해졌다. 물티슈로 적당히 닦을 수도 있지만, 그래도 물로 엉덩이를 씻겨줘야 마음이 편하다. 구수한 냄새가 슬슬 풍겨오길래, 치워주기 조금 귀찮은 마음에 슬쩍 딸의 눈치를 살폈다. 혹시 아직 응가한 걸 모르는 건가? 아니면 나처럼 모르는 척하는 중인가?

 하루에 두세 번 응가를 할 때면 가끔은 물로 직접 씻기는 게 귀찮을 때가 있다. 하지만 할머니 체면이라는 게 있어 괜히 아무렇지 않은 척한다. 응가 냄새가 코끝을 간질여도 애써 모르는 척, 그저 태연하게 아기를 바라본다. 그런데 딸도 엄마가 왔을 때는 조금 편하고 싶은 마음이 있는지, 슬쩍 나를 보며 눈빛으로 표현한다.

할머니가 해주세용

  기저귀에 응가를 하면 치워야 한다는 심리적 마지노선이 최대 5분이다. 그 이상은 결코 지체할 수 없다. 매번 그렇듯 패자(?)는 나다. 냄새는 나지만 건강하고 예쁜 응가를, 귀엽고 통통한 엉덩이를 흐르는 물로 깨끗하게 씻겨준다. 그러면서 혼잣말로 중얼거린다.
"건강한 똥이구나~"

나는 젊은 할머니니까

 < 넌 젊어서 애들 봐주기도 좋겠다!

젊은 할머니란다. 올해로 87세가 되신 친정엄마가 첫 손주의 탄생을 축하하며 내게 건넨 말이다. 우리 엄마는 내 첫 조카인 큰오빠의 쌍둥이 아이들을 맡아서 돌보아 주셨는데, 그때의 엄마는 지금의 내 나이보다도 더 젊으셨다. 엄마, 엄마 눈엔 내가 아직 젊은 할머니겠지만, 나도 이제 팔다리가 욱신거려.

큰딸은 결혼하고 1년 조금 넘게 알콩달콩 신혼의 달콤한 시간을 재미있게 보냈다. 그러다 임신했고, 눈에 넣어도 아프지 않을 첫아기가 태어났다. 새로운 기쁨과 행복을 알게 됐지만, 초보 엄마에겐 하루하루가 쉽지 않았을 것이다. 두 딸을 키웠던 30년 전 나도 그랬으니까. 그 마음을 누구보다 잘 알기에 시간이 되면 가끔 웅이를 짧게는 하루, 길게는 며칠씩 봐준다.

요즘 꽃이 참 예쁘게 피었더라. 하루 놀다가 와~
이 서방! 생일에 어디 가서 푹 쉬다가 와~

둘이 신혼 기분을 낼 수 있는 좋은 곳에서, 웅이의 울음 타이머 없이 편하게 지낼 수 있도록. 따뜻한 음식을 여유롭게 먹고, 밤에 푹 잘 수 있는 여행을 떠날 수 있도록. 오롯이 둘만이 보낼 수 있는 시간을 제안함으로써 난 신세대 할머니이자 멋진 어른인 척하고, 딸 부부는 육아 초고수 할머니에게 웅이를 맡겼으므로 안심하고 충전해 돌아올 수 있다.

딸 부부는 고작 짧은 여행을 다녀온 것뿐인데도, 웅이를 보자마자 금방이라도 눈물을 쏟을 것 같은 표정으로 정말 보고 싶었다고 말하며 꿀이 뚝뚝 떨어지는 눈빛과 사랑의 표현을 건넨다. 기꺼이 손주를 돌보고 있지만, 할머니는 어디까지나 보조적인 역할을 할 수밖에 없다고 생각한다. 웅이가 올바르게 성장하려면 부모의 역할이 가장 중요하다. 그래서 나는 딸 부부가 충분한 휴식과 감정의 환기를 통해 웅이에게 더 많은 사랑을 쏟을 수 있도록 오늘도 손주를 돌보러 큰딸의 집으로 향한다. 이전에는 미처 알지 못했던 새로운 기쁨과 행복이 엄마가 된 내 딸의 가슴 속에서 더욱 깊고 단단하게 자라길 바라는 마음으로 웅이를 돌본다.

포대기

웅이를 자주 업어준다. 포대기로 업으면 편하기도 하지만, 등에 업혀있는 웅이의 심장 소리, 쌔근거리는 숨소리, 따뜻한 체온, 심지어 목덜미에 흘린 침까지 모두 느낄 수 있어 더 좋다. 왠지 포대기로 어부바한 모습은 할머니만의 전유물 같기도 하다. 큰딸의 임신 소식을 들었을 때 제일 먼저 떠오른 것도 포대기를 두르고 아기를 업고 있는 내 모습이었다.

웅이는 엄마와 놀고 싶어 칭얼대다가도 "할머니가 어부바해줄까?" 하면 말이 떨어지기 무섭게 "어부? 치이마?" 하고 반색하며 달려온다. 포대기를 두른 모습이 치마처럼 보이나보다. 가끔은 스스로 포대기를 찾아 질질 끌고 방긋 웃으며 뒤뚱뒤뚱 걸어오기도 한다. 포대기는 웅이를 재우거나 울음을 달랠 때 만병통치약 같다. 그럴 때마다 내가 웅이의 진짜(?) 할머니가 된 것 같아 행복하다.

 정작 내가 젊었을 땐 딸들을 업어준 기억이 별로 없다. 어쩐지 세련되지 못한 것처럼 보였고, 포대기에 업는 건 할머니 집에 가야만 할 수 있는 것이라고 아이들을 설득하곤 했다. 지금은 아이를 안고, 업고, 태우는 다양한 육아용품이 나왔고, 심지어 젊은 부모들이 편하게 업을 수 있는 개량된 포대기까지 생겼다. 하지만 나는 아무래도 오리지널 원조 포대기가 좋다. 여전히 포대기만큼 나와 아이를 연결하는 끈을 찾지 못하겠다.

입은 닫고 지갑은 열어라

두 딸이 어렸을 적 우리 나름의 최선을 다해 키웠다. 그 시절 대부분의 부모가 그러했듯 사랑은 넘쳤지만, 물질적으로는 늘 부족한 것 같아 마음이 쓰이곤 했다. 시간이 흘러, 내 허리도 차지 않을 만큼 작았던 딸이 자라 웅이를 낳고 나니, 다시는 갈 일이 없을 것만 같았던 육아용품점이 눈에 들어오기 시작했다. 갓 세상에 나온 아이에게 부모의 사랑 말고 필요한 게 또 뭐가 있을까. 보물 같은 첫 손주에게 내가 해줄 수 있는 건 뭘까.

홀린 듯 가까운 장난감 가게에 들어가니 눈이 휘둥그레질 만큼 다양한 물건이 진열되어 있었다. 무척이나 새롭고 종류도 다양해서 어른들의 눈까지 사로잡았다. 알록달록한 장난감 천국이었다. 그

것이 시작이었다. 남편과 드라이브를 가거나 멀리 여행을 떠날 때면 마치 맛집을 찾아가듯 목적지 근처의 장난감 가게를 물색해 빼놓지 않고 들렀다. 재미있었다. 아이가 좋아할 만한 장난감을 발견하면 이걸 가지고 노는 손주의 얼굴을 떠올리며 나도 행복해졌다. 나이가 들면 입은 닫고 지갑은 열어야 한다는 게 이런 걸까 싶었다.

 어느새 연령대에 맞는 유아용부터 조금 더 크면 사줄 만한 각종 캐릭터 장난감까지 섭렵했다. '이건 지난번에 사준 건가? 웅이 집에 비슷한 게 있나?' 하며 판단력이 흐려질 정도였다. 웅이에게 모든 걸 안겨주고 싶있다. 여느 날처럼 장난감 가게 투어를 마친 뒤 마음에 드는 장난감을 손에 들고 웅이에게 향했다. 현관문 앞에 서 있는 나를 보며 딸은 미안함과 고마움을 담아 작게 소리쳤다.

엄마! 이제 그만 사도 돼.
도대체 얘가 부족한 게 뭐가 있어!
넘친다, 넘쳐!

뭣이 중헌디

 큰딸은 말이 빨랐다. 어느 날 하늘을 향해 고사리손을 흔들며 "뱅기! 뱅기!"를 외쳤는데, 손이 가리킨 곳을 따라 올려다보니 비행기가 있었다. 뱅기라니! 어떻게 이렇게 귀여운 단어를! 큰딸은 그 후로도 꽤 오랫동안 비행기를 뱅기라고 불렀다. 말을 배우기 시작하는 아이들이 발음을 잘못할 때 양육하는 어른은 정확한 발음을 구사해 주어야 한다는 글을 읽은 기억이 난다. 만약 내가 "뱅기가 아니라 비행기야. 비행기."라고 발음을 정정해 줬다면 음악 전공이 아닌 아나운서가 됐을까?

함니 → 함무니 → 할모니 → 할머니

말이 느렸던 웅이가 말을 떼기 시작하면서 진화한 내 호칭이다. '함니'는 엄마, 아빠 다음으로 배우고 뱉은 말이었다. 아이의 입에서 '함니'라는 말이 처음 나왔을 때 '이 맛에 손주를 돌보는구나!' 하는 마음을 새삼 느꼈다. 다른 단어를 말했어도 충분히 감동이었겠지만, '함니'라는 단어 한 마디에 온몸에 전율이 흘렀다. 그리고 웅이는 말이 느렸던 걸 보상이라도 하듯 입이 터짐과 동시에 빠르게 말을 배우기 시작했다.

말을 시작하면서 궁금한 것도 많아졌는지 질문 폭격이 시작됐다. 이제 막 말을 떼기 시작해 발음이 조금 어눌했고, 잘 알아듣지 못할 때면 '으응 그렇지~ 맞아~' 같은 적당한 대답으로 얼버무리기도 했다. 그러면 웅이는 아니~ 아니라며 내가 정확한 대답을 해줄 때까지 몇 번이고 반복해 말해주었다. 조금 더 큰 요즘에는 "할머니 그게 아닌데 할머니가 말을 잘못했어요?"라고 말한다. (자주 당한다.) 그저 건강히 자라는 것만으로도 감사한 요즘. 그래, 그깟 발음 뭣이 중헌디!

환영해, 아 잠깐만

난 깔끔한 성격이다. 정리정돈이 습관화되어 있다. 모든 물건은 늘 제자리에 있어야 하고, 불필요한 잡동사니가 바닥에 나와 있는 걸 허용하지 않는다. 더구나 내 아이들이 모두 성장해 각자의 삶을 사는 지금, 내 구역의 평온함만큼은 늘 유지해야 한다. 그런데 애들 손님이 어른보다 더 어렵다고 하지 않는가. 웅이가 오는 날만큼은 그 평온함과 고요함은 잠시 접어둬야 한다. 아이를 맞이할 준비로 집안은 분주해진다. 네가 오후 4시에 온다면 난 오전 10시부터 바빠질 거야…

우리 집은 2층짜리 단독주택이다. 호기심 많은 웅이에게는 1층과 2층을 오가는 계단이 위험할 수 있어, 가장 먼저 계단 울타리를 설치해야 한다. 그리고 1층 빈방에 보관했던 유아용 미끄럼틀, 흔들목마, 실내용 범퍼카, 유아 식탁 등 각종 아기용품을 2층으로 옮긴다. 집 안 준비가 어느 정도 끝나면 웅이가 좋아하는 과일을 사러 마트에 다녀온다. 여름엔 수박, 겨울엔 딸기. 웅이가 잠깐이라도 편하고 재밌게 지낼 수 있도록 집안의 환경을 하나하나 바꿔놓는다.

웅이가 태어난 이후, 우리 집에는 웅이가 사용하는 물건들이 하나둘 늘어났다. 모두 큰딸의 생각이었다. 할머니 집에 놀거리가 많으면 아이와 함께 가기도 편하고, 자주 방문할 수 있을 거라는 딸의 말로부터 시작되었다. 나 역시 아이가 편하면 좋겠다는 생각에 흔쾌히 동참했다. 자주 사용하지만 들고 다니기 번거로운 물건들 위주로 한 가지씩 마련하다 보니 어느새 애 없는 집에 육아용품이 가득해졌다. 그러다 보니 웅이가 갑작스럽게 방문해도 크게 불편할 게 없다.

웅이가 놀러 오면 어른들만 있어 조용했던 집안은 웅이의 뛰는 발소리, 장난감에서 흘러나오는 노랫소리로 가득 채워진다. 딸 부부와 손주가 내가 해 준 맛있는 음식을 먹고, 재미있게 놀다 가는 모습을 보면 나도 덩달아 즐거웠다. 무엇보다 웅이와 딸의 웃음소리가 집 안에 가득 울려 퍼질 때 정말 행복하다. 오면 반갑고, 가면 더 반갑다는 말, 정말 그런가? 난 가끔... 그렇다(?).

누구 방귀야?

우리는 서로를 보며 자란다

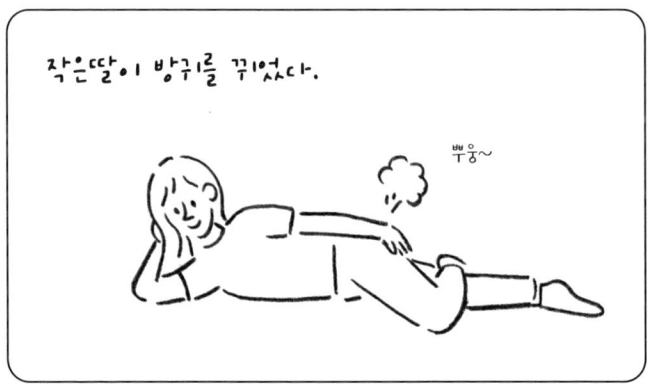

올 것이 왔다

엄마, 우리 이사 가기로 했어.
엄마 집이랑 10분 거리야!
가까우니까 편하겠지??

딸의 경력 단절을 막고자 한 시간씩 운전해 손주를 돌보러 가는 건 결코 쉬운 일이 아니었다. 그래도 딸이 행복하면 나도 좋으니까. 딸이 필요로 하면 언제든 먼 길을 달려갔다. 하지만 손주 돌봄이 끝나는 순간엔 주저 없이 현관문을 박차고 나왔다. 조금만 늦어져도 "집이 멀잖아. 차가 막히기 전에 빨리 가야 해!"라는 그럴듯한 핑계를 대면서 딸의 집에서 탈출했다.

그러던 어느 날이었다. 딸과 사위가 거주지를 옮기기로 했단다. 환하게 웃으며 이야기하는 딸의 천진난만한 얼굴에 그저 웃어넘길 수밖에 없었다. 내가 힘들까 봐 일부러 가까운 곳으로 옮기겠다니, 마음은 고맙지만 지금의 거리 정도가 적당하니 좋았다. 왜인지 이사와 동시에 가까운 거리에서 24시간 육아하는 내 모습이 그려졌다. 할머니의 상상은 현실이 된다(?). 이사한 후 엄마~ 엄마, 엄마! 더 자주 부르니 귀에 딱지가 앉을 지경이다. 하지만 참 이상하게도 어제 본 딸이 오늘도 보고 싶고, 웅이도 보고 싶어진다. 숨 쉬는 것과 같은 이치인가...

또 한 번의 봄

첫 손주가 세 돌을 맞을 무렵, 지금쯤 둘째를 가지면 딱 좋은 터울이겠거니 생각했다. 맹세코 정말 생각만 했다. 하루는 몸이 무겁고 피곤하다며 웅이를 어린이집에 등원시키고 누워 있는 딸을 보는데 나도 모르게 '혹시?' 하는 마음이 들었다. 조심스레 물어보니, 아직 확실하진 않지만 임신 가능성이 있다며 슬며시 웃는 것이 아닌가! 일주일 후 병원에 다녀올 예정이고, 임신 테스트기에는 두 줄이 떴다고 한다. "그럼, 임신이네!" 나도 모르게 큰 소리로 말했다. 웅이를 키우다 보니 아이가 너무 예뻐서 자연스레 둘째 생각이 들었다고 한다. 그렇지, 우리 웅이가 사랑스럽긴 하지!

기쁜 마음만큼 복잡한 감정도 몰려왔다. 손주를 돌보며 양육 방식으로 티격태격했던 일, 살림이 마음에 차지 않아 잔소리했던 일 등 첫째 아이의 산후 과정이 주마등처럼 스쳐 지나갔다. 그러면서도 결혼과 출산이라는 인생의 큰 전환점을 슬기롭게 넘기고 있는 큰딸이 대견했다. 그리고 내심 기대가 되었다. 앞으로 태어날 둘째는 또 얼마나 더 사랑스러울까! 세상의 온갖 사랑과 축복을 담아 새 생명에게 전해주고 싶다.

웅이를 임신했을 때처럼 또 한 번 새로운 세상이 시작되려 한다. 잠은 푹 잘 자고, 부디 몸조심해라. 먹고 싶은 거 있으면 말만 해, 엄마가 다 해줄게. 지금보다 더 바삐 움직여야 하겠지만, 웅이 때의 경험이 있으니 이제는 훨씬 익숙하고 요령이 생겨 덜 힘들고 더 잘할 수 있을 거야. 몇 년째 '저출산 시대'라는 키워드가 뉴스의 헤드라인을 장식하는 가운데, 우리 집에는 새로운 식구, 둘째 손주가 찾아왔다.

정신 차려 이 각박한 세상 속에서

 웅이는 세 살이 되면서 아파트 단지 내에 위치한 어린이집에 다니기 시작했다. 시간이 흘러 어린이집 생활이 1년이 되어갈 무렵, 둘째 손주가 태어나기 딱 한 달 전이었다. 그 사이 웅이는 어린이집에서 많은 놀이와 활동을 배우며 하루가 다르게 성장했다. 잘 먹고, 잘 놀고, 잘 자니 체력이 부쩍 늘었고, 아무리 놀아도 지치지 않는 에너자이저가 되었다. 증진된 체력 때문인지 웅이는 이른 새벽부터 일어나 몸이 무거운 만삭의 엄마를 깨워가며 함께 놀고 싶어 했다. 대부분의 사람이 아직 잠에 빠져 있을 새벽부터 놀이와의 전쟁이 시작되는 것이다. 딸의 집에서 자고 오는 날이면 유독 피곤한 이유이기도 하다.

귀엽고, 예쁘고, 세상의 모든 따뜻한 단어를 붙여도 모자랄 만큼 사랑스러운 우리 웅이. 하지만 새벽부터 하루를 시작하는 건 아이도 어른도 쉽게 지칠 만큼 힘든 일이다. '엄마, 쉬 마려워! 쉬하고 코 안 잘래! 엄마, 같이 놀자! 엄마, 시리얼 먹고 싶어!' 스스로 할 수 있는 일이 많지 않은 아이답게 요구사항도 끊임없다. 그래도 다행(?)인 건, 기상 후 3시간만 버티면(?) 웅이를 어린이집에 등원시킨 후 잠시 숨 돌릴 수 있는 시간이 생기는 것이다.

물론 이 3시간이 정말 길어 1시간 지났나 싶어 시계를 보면 고작 10분이 지났을 때도 있지만, 인내 끝에 얻을 수 있는 열매가 있다. 엄마만 찾는 웅이가 어린이집에 등원하면 배불뚝이 만삭 엄마는 비로소 본인만의 시간이 생기고, 함께 육아하는 나 역시 커피 한 잔의 여유를 즐기며 잠시나마 숨을 돌릴 수 있다. 안쓰럽기도 하고, 한편으론 대견하기도 한 딸에게 격려차 한 마디 건네었다.

이제 한 달 남았네.
둘째가 태어나면 더 힘들지도 몰라.

둘째는 누워만 있을 텐데 뭐가 힘들어~

아아... 인간은 망각의 동물이라 했던가! 긍정적인 딸은 닥치지 않은 일에 미리 걱정하는 타입이 아니다. 그래, 네가 행복하다면 나도 행복하다....

세뇨, 달세뇨

주말이면 웅이는 날이 좋을 땐 온종일 바깥으로, 눈이나 비가 내리 땐 키즈카페로, 엄마 아빠와 함께 이곳저곳을 누비며 즐겁게 잘 논다. 분명 신나게 잘 논 것 같은데, 꼭 마지막엔 할머니 집을 의미하는 '서봉'에 가고 싶다고 말한다. 그리고 어느 날부터 서봉을 입에 달고 산다.

날이 상당히 더웠던 지난여름에는 에어컨을 빵빵하게 튼 집 안에서 1층과 2층을 오르내리며 뛰놀았고, 뜨거운 해가 서서히 기울기 시작하면 마당으로 나가 물총을 쏘며 더위를 식혔다. 눈이 펑펑 내리던 지난겨울에는 마당의 눈을 마음껏 밟고, 만지고, 던졌다. 할아버지가 이마트에서 부리나케 사 온 유아용 썰매를 타며 온 마당에 썰매 자국을 만들어놓기도 했다. 친구처럼 놀아주는 이모, 그리고 뭐든 말만 하면 들어주는 할머니와 할아버지가 있어서인지, 웅이는 또래 친구가 없어도 하루가 짧다 하고 신나게 놀았다.

좋은 기억만 있어서일까, 웅이는 말을 배우기 시작하면서부터 "서봉! 서봉!"을 외쳤다. 할머니 집에 가고 싶다는 뜻이었다. 딸 부부와 함께 교외로 나가 밥을 먹고 헤어질 때가 되면 웅이는 서봉에 가야 하니 할아버지 차를 타겠다고 보채는 통에 모두를 곤란하게 히기도 한다. 생각해 보면, 내 딸도 웅이 나이 때쯤 주말만 되면 할머니 댁에 가고 싶다며 앵무새처럼 말을 반복하곤 했다. 그런 딸의 아이 역시 똑같은 말을 반복하고 있다. 어쩐지 우리 친정엄마와 나, 나와 딸, 그리고 딸과 손주까지 삶의 한 부분들이 되풀이되는 것 같았다. 이 상황이 재미있어 작은딸에게 이야기해 주었더니, 음악을 전공한 딸이 그런다. 세뇨와 달세뇨*라고!

---

* 달세뇨(D.S)는 세뇨(𝄋) 표가 있는 곳으로 되돌아가 연주하라는 뜻의 음악용어이다.

방학은 국룰이야

내가 어릴 적, 친정엄마는 방학이 되면 신나게 놀다 오라며 며칠이고 나를 순창 할머니 댁에 보내곤 했다. 네 남매 중 셋째였던 나는 할머니 댁에 가면 부대낄 형제자매도 없고, 할머니의 사랑을 오롯이 독차지할 수 있어서 좋았다.

세월이 흘러 나도 엄마가 되고, 나 역시 좋았던 추억을 되살려 아이들이 방학을 하면 마치 처음부터 정해진 규칙처럼 일주일 동안 시골 시부모님 집에 보냈다. 시부모님은 적막한 집에 아이들의 웃음소리가 가득하니 좋아하셨고, 아이들은 자연을 벗 삼아 마음껏 뛰어놀 수 있어 신이 났고, 난 모처럼 아이들 없이 남편과 둘만 보내는 짧은 시간이 편했다. 무려 일석삼조였다.

 어릴 적 내가 할머니 댁으로 보내질 때는 마냥 좋아서 미처 몰랐는데, 사실 우리 엄마는 날 유배 보낸 것과 다름없지 않았나 싶다. 그리고 나 역시 효도인 척 시부모님께 손주를 맡기고 집으로 돌아가는 차 안에서 '일주일 동안 어떻게 쉴까?' 궁리하며 즐거웠다. 할머니에게 손주를 보내고 맡아주는 이 굴레는 딸들이 사춘기에 접어들면서 멈춘 줄 알았다. 그런데 이젠 엄마가 된 내 딸이, 웅이의 어린이집 방학과 동시에 웅이를 우리 집으로 보낸다.

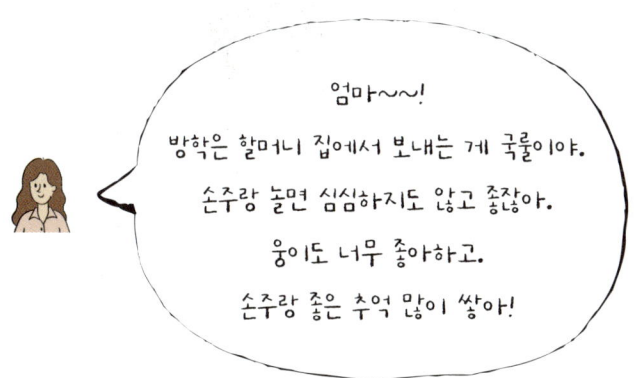

엄마~~!
방학은 할머니 집에서 보내는 게 국룰이야.
손주랑 놀면 심심하지도 않고 좋잖아.
웅이도 너무 좋아하고.
손주랑 좋은 추억 많이 쌓아!

우리는 친구!

우리는 서로를 보며 자란다

휴가인 듯 휴가 아닌 휴가 같은

딸이 둘째를 낳으러 병원에 가는 날, 새벽같이 짐을 챙겨 큰딸 집으로 향했다. 딸은 3주간 사위와 함께 병원과 조리원에서 지낼 예정이었고, 나는 큰딸 집에서 웅이와 함께 지내기로 했다. 처음에는 웅이와 단둘이 3주를 보내야 한다는 생각에 살짝 걱정됐다. 하지만 걱정이 무색하게도 평온한 이틀이 흘렀고, 둘째 손주가 건강하게 잘 태어났다는 기쁜 소식이 들려왔다. 사위가 보내준 아기 사진을 함께 보며 신기해하는 웅이에게 동생 이야기도 해주었다.

며칠간 웅이와 단둘이 지내며 든 생각은 '어? 생각보다 편한데?'였다. 오전에는 웅이가 어린이집에 등원해 한가한 시간을 보낼 수 있었고, 필요한 집안일은 딸과 미리 해 두어 신경 쓸 일이 없었다. 사실상 웅이의 밥과 간식 정도만 챙기면 되는 일이었다. 엄마, 아빠와 떨어져 지내는 웅이가 걱정이라며 둘째 딸이 종종 들러 웅이와 키즈카페나 놀이터에 가서 신나게 놀아주기도 했다. 덕분에 난 내 집이 아니라서 그런지 오히려 휴가를 보내는 것 같은 느낌까지 들었다. 그 무렵 딸은 병원에서 회복한 후 5일 만에 조리원으로 옮겨갔다. 웅이는 잘 지내고 있으니 아무런 걱정하지 말고 네 몸이나 잘 회복하고 돌아오라고 안심시켜 줬다. 그런데 딸이 조리원에 들어간 지 일주일쯤 지나 전화가 걸려 왔다. 그동안 영상통화로 자주 안부를 주고받았지만, 음성 통화는 처음이었다. 어쩐지 불안했지만 전화를 받았다.

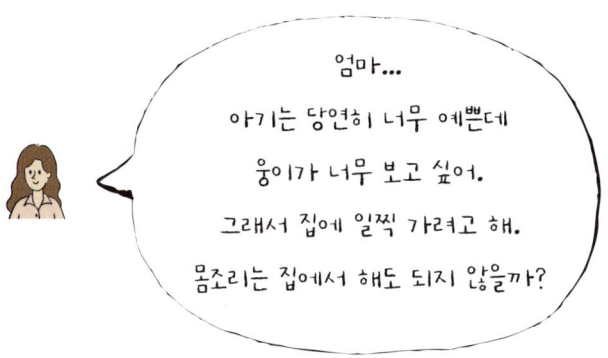

엄마...
아기는 당연히 너무 예쁜데
웅이가 너무 보고 싶어.
그래서 집에 일찍 가려고 해.
몸조리는 집에서 해도 되지 않을까?

2주간 머물기로 했던 조리원을 일주일 만에 퇴소하겠다는 딸. 도대체 왜? 몸이 좀 편해지니 조리원이 지루해진 걸까? 예상보다 빠르긴 했지만, 집에 돌아오고 싶다는데 오지 말라고 할 수도 없고! 허겁지겁 산모와 아기를 맞이할 준비를 하며 딸의 산후조리 모드에 돌입했다. 아아... 휴가 같았던 나의 작고 소중한 일상은 이제 끝났구나. 아쉬움도 잠시, 다음 날 딸은 작고 작은 신생아를 안고 환하게 웃으며 집으로 돌아왔다. 좋냐?!

사랑 더하기

첫째 웅이와 37개월 차이로, 천사 같은 둘째 설이가 태어났다. 혼자 자라며 엄마, 아빠의 사랑을 듬뿍 받던 웅이가 갑작스레 그 사랑을 동생과 나눠야 한다는 사실이 마음 쓰였다. 웃음과 사랑이 많은 아이, 에너지가 넘치는 아이, 어린이집에 다니기 시작하며 가기 싫다고 떼쓴 적 한번 없던 아이. 그게 우리 웅이었다.

동생과 처음 마주하던 날, 껑충껑충 뛰고, 보고 또 보며 신기해하던 그 눈빛을 잊을 수 없다. 아침이면 제일 먼저 동생을 찾고, '아기 손 싸개가 벗겨졌어요.', '아기가 분유를 조금 토했어요.', '아기가 엉엉 울어요.' 하며 엄마에게 동생 상황을 알려주기까지 하는, 질

투심이라고 하나도 없을 것 같던 웅이였다.

응애!!! 어느 날 침대에 동생과 같은 자세로 누워 "이제부터 난 아기야! 내가 한 살이야!" 하며 응애, 응애 말소리를 내며 울었다. 그 후로도 웅이는 동생의 수유 쿠션에 누워 쪽쪽이를 물고 동생처럼 누워있거나 웅얼거리며 아기처럼 말했다. 동생이 울면 더 크게 울며 안아 달라고 떼를 쓰고, 엄마가 동생에게 분유를 주려고 하면 "할머니가 분유 주세요!", 기저귀를 갈려 하면 "아빠가 해 주세요!" 외쳤다. 심지어 엄마가 동생을 재우려 하면 "웅이가 엄마랑 잘래요!" 하며 엄마의 품을 독차지하고 싶어 했다. 그 모습을 보며 문득 나도 둘째를 낳았을 때 헤아려주지 못했던 그 당시 큰딸의 마음이 생각났다. 그래, 너도 아직은 아기인걸. 더 작은 아기가 태어났다고 해서 갑자기 오빠가 될 수는 없는 일이다. 괜히 미안했다. 사랑을 반으로 쪼개 베풀면 더 커진다는 걸 함께 성장하면서 배워 나가야겠지. 웅이야, 어제보다 오늘 더 사랑해.

이래도 되나, 싶다가도

두 딸을 흔히 말하는 명문대에 보냈고, 남 부럽지 않게 키웠다고 생각하는 나는 교육관이 확실한 엄마다. 하지만 아이의 교육 철학은 부모의 결정이니, 손주들에게는 사랑만 주기로 결심했다. 그런데 내 딸도 나처럼 사랑만 주는 엄마가 되기로 마음먹었나 보다. 별다른 교육을 하지 않는 것처럼 보인다. 아이는 아이답게 키워야 한다며, 공부는 어차피 나중에 하게 되어있다며 최소한의 예절 교육 외엔 일절 하지 않았다. 많은 시간을 놀이터에서 뛰어놀고, 식물에 흥미를 느끼는 웅이와 공원 산책을 다니며 풀과 나무의 이름을 알아갔다. 또 장난감으로 재미난 역할놀이도 자주 했다. 문화센터 활동은 웅이가 흥미 없어 한다며 진즉에 관두었고, 흔히들 하는 3,000원짜리 스티커 붙이기 학습지조차 어린이집에서 충분히 활동한다며 굳이 하지 않았다. 그야말로 요즘 부모답지 않게 그저 '건강하게만 자라다오!'를 실천 중이다.

그렇다고 아무것도 하지 않는 건 아니다. 바나나를 먹을 때 '바나나!', 이모가 오면 '이모!'라고 말하며 방문에 붙여놓은 한글 포스터를 가리키며 한두 번 따라 읽는다. 엘리베이터의 층수를 보며 숫자 읽기, 보고 싶은 동화책 마음껏 읽어 주기 등 부모 나름의 교육을 하고 있다. 세상이 너무 빠르게 움직이는 탓에 그 방식이 다소 느려 보일 수는 있지만, 사실 아이에게 맞는 속도로 가르치고 있다는 걸 알고 있다. 부모의 교육관이 있으니 난 그저 사랑만을 주기로 결심했지만, '이 나이쯤이면 이 정도는 해야 하지 않나?' 하는 할머니의 조바심이 튀어나와 가끔은 딸에게 잔소리도 한다. "그래도 자기 이름은 읽고 쓸 수 있게 하자~"

답답할 때도 있고 급변하는 시대에 어쩐지 느린 걸음을 걷는 것 같지만, 웅이는 아직 어리고 누구보다 자식을 가장 잘 아는 건 결국 부모이다. 아이의 눈높이에 맞춰 천천히 가는 게 결국 아이에게 꼭 맞는 길일지도 모르겠다. 오늘도 딸 부부의 교육 방식이 맞을 것이라고 마음속에 새긴다.

할머니 수난 시대

육아만큼은 자신 있었다. 내 아이들을 키운 지 오래됐지만, 그간의 경험 덕분에 날 할머니로 만들어 준 첫째 손자 웅이를 돌보는 데 큰 어려움이 없었기 때문이었다. 물론 처음 한두 달은 힘들었지만, 웅이는 생각보다 빠르게 우리의 규칙적인 육아 시스템에 적응했고, 낯가림도 거의 없어 누가 안아줘도 밝은 미소로 답하곤 했다. 그렇게 모두의 사랑을 듬뿍 받으며 예쁘게 커 주었다.

그리고 둘째 손녀 설이가 태어났다. 육아? 걱정하지 마! 이 할머니 경력직이다! 모두 첫째가 아들이고 둘째가 딸이면 훨씬 수월하다고 입을 모아 말하곤 했다. 내 아이들을 키운 경험에 웅이의 육아 경험치까지 더해져 왠지 자신만만했다. 하지만 경험치는 능숙함이 아니었다. 설이는 웅이와는 사뭇 다른 성향의 아이였다. 조금 더 예민하고, 낮에도 밤에도 잠이 적었으며, 수유량도 적어 성장에 영향이 있지는 않을까 하루에도 몇 번씩 마음을 졸였다. 아무리 힘들어도 백일만 지나면 조금 편해질 거라고 딸에게 위로 삼아 말해주었지만, 사실 그건 스스로에게 하는 말이었다.

둘째가 이렇게 뜻대로(?) 되지 않을 거란 걸 알기 전에는 웅이를 어린이집에 보내고 설이가 오전 낮잠을 자는 사이 딸과 커피 한잔을 마시는 잔잔한 생활을 꿈꾸었다. 하지만 현실은 설이를 돌보느라 새벽에 겨우 잠들었건만, 웅이의 새벽 기상에 퀭한 눈으로 일어나 또 하루를 시작해야 했다. 심지어 큰 소리로 노는 웅이로 인해 잠에서 깬 설이의 울음소리가 서라운드로 들린다....! 손주가 둘이라 할머니라는 호칭도 두 배, 딸의 호출도 두 배로 듣는 요즘. 그래도 덕분에 웃음도, 행복도 두 배다.

할머니 어디가? 가지 마!

 딸은 퇴근이 늦는 사위를 기다렸다가 함께 저녁을 먹고, 웅이는 그보다 먼저 저녁을 먹는다. 웅이가 좋아하는 반찬으로 이른 저녁을 준비해 먹이면, 그날의 손주 돌봄 일정도 마무리된다. 그리고 나는 집에 돌아갈 준비를 한다. 육아를 돕다 보면 유독 힘든 날이 있고, 귀가조차 귀찮을 때도 있지만, 그래도 특별히 신경 쓸 일 없는 내 집에서 자는 게 확실히 편하다.

 웅이야, 할머니 이제 깜깜하니까 서둥 갈게~

아니야! 할머니 가지 마!

말이 끝나기가 무섭게 웅이는 내가 가지 못하게 막아선다. 할머니랑 같이 잘 거라며, 막상 재우려 하면 마지막엔 꼭 엄마를 찾으면서 '가지 마! 가지 마!' 울먹이며 내 옷소매를 잡고 늘어진다. 설이가 태어난 후로 엄마 손길이 덜 갈 수밖에 없으니, 오롯이 저를 더 봐주는 할머니와 떨어지고 싶지 않은 마음이겠지. 그래서 더 짠하고 안쓰럽다. 가끔 이른 아침 웅이의 어린이집 등원을 도와주러 딸의 집에 가는 날이 있다. 그럼 웅이는 영락없이 이렇게 말한다.

오늘 어린이집 가는 날이야?

응. 오늘은 월요일이니깐 가는 날이지?

오늘 안 가고 싶어. 할머니랑 놀고 싶어!

할머니가 웅이 생각하면서 기다리고 있을게. 다녀와~

웅이 집에 오면 할머니 없어지잖아…

할머니와 더 많이 놀고 싶은 건지, 그냥 어린이집에 가기 싫은 건지 분간이 되질 않는다. 등원을 도와준 뒤 딸이 일찍 귀가하면 바통 터치를 하고 집에 돌아오곤 하는데, 웅이는 인사 없이 간 할머니한테 서운한 마음이 드나보다. 지금 이 마음이 과연 10년 뒤에도 변치 않을까? 아, 물론 언감생심 기대는 안 한다.

해바라기도 가끔 목이 아프죠

큰딸은 분명 결혼하고 독립했는데, 손주가 태어난 뒤로 난 어느새 1가구 2주택 살림을 하고 있다. 딸이 안쓰러워 시작한 손주 돌봄이 어쩐지 내 발목을 잡은 듯하다. 처음엔 딸이 육아에 익숙해질 때까지 웅이를 석 달 정도 돌봐주면 되겠지 생각했다. 하지만 육아는 생각처럼 일률적이지 않고, 예상치 못한 변수들이 많다. 아기가 분유를 먹다 토라도 하면 안절부절, 설사를 하거나 열이라도 오르면 하얗게 질려 울먹울먹. 이유도 없이 하루 종일 우는 날은 또 얼마나 당황스러운지 모른다. 모든 상황을 처음 맞닥뜨린 데서 오는 당혹감은 초보 엄마의 마음을 울게 만든다.

'그래, 그럼 돌 지나면 그땐 알아서 키우라고 해야지'라고 생각했지만, 손주가 한 살이 되니 딸은 다시 일을 시작한다고 한다. 어린이집에 가기 전까지 1년만 더 도와달라기에 또 시간을 내주었다. 그러더니 우리 집 근처로 이사를 왔고, 나는 웅이의 어린이집 등·하원을 챙기게 되었다.

 어느 날은 웅이가 엄마, 아빠보다 나를 더 찾으며 좋아해 주는데, 그 모습이 어찌나 사랑스러운지 힘든 줄도 몰랐다. 조금씩 변화한 일상에 익숙해질 무렵 설이가 태어났다. 돌고 도는 인생이라더니. 눈에 넣어도 아프지 않을 손주들이지만 할머니도 가끔은 아플 때가 있다.

*아침 알람 그런데 이제
생생한 목소리를 곁들인…*

　　　　　새 나라의 어린이는 일찍 일어납니다.
　　　　　잠꾸러기 없는 나라 우리나라 좋은 나라.
　　　　《새 나라의 어린이》 가사 일부, 작사 윤석중·작곡 박태준

　　<새 나라의 어린이>는 내가 어릴 적 자주 듣고 부르던 동요다. 이 노래를 웅이도 아는 걸까? 기상 시간이 빠르도 너무 빠르다. 딸과 사위는 잠을 잘 자야 건강하게 성장한다고 생각해 아이들의 취침 시간만큼은 늘 철저히 지킨다. 하지만 웅이의 기상 시간만큼은 마음대로 되질 않는 것 같다. 엄마, 아빠가 유독 피곤한 날에도, 주

말이라 조금 더 자고 싶은 날에도, 멀리 떠난 여행지에서조차 웅이는 여지없이 부지런하게 하루를 시작한다. 이른 새벽, 웅이가 연신 뒤척이며 일어나고 싶어 하는 기미가 보이면 어른들은 서로 못 들은 척하며 1분이라도 더 누워 있으려고 전력투구한다. 그럴 때면 웅이도 나름대로 일어나려고 이 핑계, 저 핑계를 대며 안간힘을 쓴다.

아직 밖이 깜깜하지?
해님이 코~자는 거야.
조금 더 누워있어야 해.

해님이 많이 자서 일어나고 싶대.
그래서 웅이도 일어나야 해!

기상에는 여러 가지 이유가 있다. 신기하게도 그 이유는 매번 다르다. 자식 이기는 부모 없다고 했던가. 결국 웅이의 뜻대로 모두가 빠르게 하루를 시작한다. 물론 마음만 먹으면 좀 더 버틸 수는 있다. 하지만 일어나서 놀고 싶다는 이유로 울먹이기까지 하는 웅이를 외면할 수도 없고, 아직 자는 설이까지 덩달아 깰까 봐 결국 웅이의 손을 잡고 거실로 나간다. 콩알만 한 녀석이 어른 모두를 아침형 인간으로 바꾸고 있다. 조카가 너무 예뻐서 온갖 선물을 아끼지 않는 이모는 쉬는 날이면 하루 종일 쉬지 않고 잘 놀아주지만, 늦잠만큼은 포기할 수 없다며 결코 하룻밤도 자고 가진 않는다. 지금은 이렇게 새벽을 여는 웅이가 공부를 한창 하고 있을 10년 후에도 부지런할지는 의문이다.

♡ 새벽 일찍 눈 뜨는 첫째 손주 웅이의 어록 모음 ♡

1. 너무너무 어두워서 무서워요. 불 켜주세요.
2. (겨울, 일출 전) 해님이 일어나고 있대!
3. (겨울, 일출 직전) 조금 밝아져서 잠을 못 자겠어
4. (일출이 이른 여름) 해님이 벌써 일어났대! (새벽 5시)
5. 소리가 들려서 잠을 못 자겠어
6. 할머니 이제 코 다 잤어?
7. 우리 마루 나가볼까?
8. 웅이 배가 홀쭉해. 아침 먹으러 가볼까? (물론 결코 바로 먹은 적은 없다.)
9. 라이더*가 웅이랑 놀고 싶어서 속상하대
10. 쉬가 급해
11. 웅이는 쉬하고 코 안 잘 거야. 소파에 있을 거야.

외 354가지 이유.

* 애니메이션 〈퍼피구조대〉의 남자주인공 이름

우리는 서로를 보며 자란다

신개념 다이어트

공기업에 다니는 사위는 함께 육아하기에 비교적 좋은 환경에 있다. 딸이 출근하고, 내가 도와주지 못하는 날이면 그 시간은 사위가 대신했다. 사위, 그러니까 우리 이 서방은 웅이가 태어나고 백일쯤 됐을 무렵 교대 근무조로 바뀌었고, 나흘에 한 번은 야간 근무를 해야 했다. 밤새워 일하고 오전 9시에 퇴근해 쉬지도 못한 채 웅이와 놀아줘야 하니 분명 힘들 텐데, 회사에 가면 틈틈이 쉴 수 있다며 오히려 통잠을 자지 않는 웅이 때문에 우리가 더 힘들 거라며 걱정을 해 주었다. 이 서방은 자상하고 책임감 있는 아빠다. 환경이 받쳐주는 만큼 아이들과 잘 놀아주고 함께 많은 시간을 보내려는 노력을 아끼지 않는다. 정말 이상적인 아빠다.

둘째 설이는 신생아 평균보다 훨씬 적은 2.68kg으로 태어났다. 임신 중 검진 때마다 뱃구레가 작다는 말을 꾸준히 들었고, 실제로 태어나서 먹는 양도 적었다. 그 탓에 성장 속도가 조금 더딘 편이었고, 딸 부부는 늘 전전긍긍했다. 어르고 달래서 어떻게든 한 모금이라도 더 먹일 방법을 물색하곤 했는데, 이런 노력을 알아준 듯 설이는 엄마나 할머니가 분유를 주면 고맙게도 목표량에 가깝게, 혹은 그보다 조금 더 먹어주곤 했다. 하지만 아빠와는 달랐다. 잘 놀아주는 아빠의 비애일까, 식사 시간도 놀이의 일종으로 생각하는지 아빠와는 분유 먹기를 거부했고, 안타깝게도 항상 목표량에 (꽤) 못 미치곤 했다.

하루는 딸아이가 잠깐 일 보러 나간 사이 이 서방이 아이들을 돌보아야 했다. 다행히 웅이는 어린이집에 등원했고, 오후나 되어야 하원하니 설이만 신경 쓰면 됐다. 문제는 설이가 분유를 썩 잘 먹는 편이 아니라는 점이었고, 그날도 예외는 아니었다. 역시나 설이는 평소 먹던 분유량의 절반 이하로 먹고야 말았다. 그 소식을 들은 딸은 속상하고 화가 난 나머지 이 서방에게 이렇게 말했다고 한다.

이렇게 조금 먹일 거면
오빠도 그때마다 같이 굶어!

아아... 아무래도 우리 사위 살이 많이 빠질 것 같다. 제 자식 한 숟가락이라도 더 먹이고 싶은 게 부모 마음이라지 않나. 이 서방도 많이 먹이고 싶었겠지. 그래도 이번엔 사위 편을 들어줄 순 없었다. 이 서방 힘내...

내 두 딸의 어릴 적 식습관을 얘기하자면, 둘의 먹는 성향은 정반대였다. 첫째는 정~말 안 먹었고, 둘째는 너무 잘 먹었다. 나중에 애들이 다 크고서야 들은 이야기인데, 작은딸이 언니의 먹기 싫은 밥을 몰래 먹어주는 대신 언니의 컴퓨터 자유시간 30분 중 5분을 넘겨받거나, 숙제를 대신 해주는 거래를 했다고 한다. 그랬던 큰딸이 자기 자식 한 입이라도 더 먹이겠다며 아등바등하고 있다. 그 모습을 본 작은딸은 여전히 잘 안 먹는 언니에게 "언니나 잘 먹어."라며 핀잔을 주는데 아주 속이 시원하더라!

할아버지가 서봉의 으뜸이어라

혼자 보기 힘들지 않아?
내가 같이 봐줄게. 애들 좀 데려와~

 웅이가 서봉에 오는 걸 좋아하는 건, 어쩌면 할아버지 때문이 아닐까 하는 생각을 종종 한다. 난 되도록 손주 돌봄은 딸 집에서 하려고 한다. 생활 공간이 바뀌면 아이들의 생활 리듬이 흐트러지고 엄마, 아빠의 육아 패턴도 영향을 받기 때문이다. 서봉에서 한바탕 놀고 돌아간 날이면 웅이는 어린이집에 가기 싫다며 집에서 더 놀고 싶다고 떼를 쓰기도 하고, 같이 놀 사람이 없다며 짜증 어린 모습을 보일 때가 가끔 있다. 설이는 더 예민하다. 밤잠은 무조건 제 엄마 품에서만 자야 하고, 분유며 이유식, 기저귀 등 챙겨야 할 육아용품들이 너무 많아 서로가 힘들어진다.

　남편은 나와 달리 자주 보지 못하는 손주들이 궁금한지 집에 데려오기를 바란다. 사실 집에 데리고 오면 편하긴 하다. 봐도 봐도 예쁘고 또 예쁜지, 남편은 한시도 아이들 곁을 떠나지 않는다. 허리가 아프다면서도 싫다는 말 한마디 없이 안아주고, 내려놓으란 말이 나올 때까지 안고 다닌다. 심지어 정리해 둔 장난감 박스를 찾아 이것저것 다 꺼내 웅이와 친구처럼 놀아준다. 웅이가 짜증을 낼 때도 허허 웃으며 다 받아주는 모습을 보면, 도대체 할아버지 체력은 어디서 나오지는 신기할 따름이다. 한 번은 웅이가 소시지가 먹고 싶다고 하니 바로 편의점으로 달려가 가장 큰 왕소시지로 사 왔다.

엄마는 아기 소시지 줬는데, 할아버지는 우와 큰 소시지야!!

　그 후론 엄마에게 '할아버지처럼 큰 우와 소시지 주세요!' 했단다. 서봉에는 할머니도 있고, 이모도 있고, 포포도 있어서 좋은 거겠지만, 아무래도 가장 좋은 건 역시 할아버지가 아닐까 싶다.

딸이 자꾸 부른다

결혼하면 주위에 인사치레할 일이 부쩍 많아진다. 시간을 아무리 쪼개 써도 신혼은 금세 지나가 버린다. 그래서 나는 딸이 결혼할 때 신신당부했다. 명절, 제사, 각종 기념일 등 아무것도 신경 쓰지 말라고. 난 너희와 함께하지 않을 것이니 너희만을 위해 살라고. 둘만 있을 때 마음껏 놀라고 했다. 가장 좋은 시절을 가족 행사에 치여 흘려보내지 않길 바랐고, 한편으론 서로의 삶과 시간을 존중하자는 의미였다. 그런데 큰딸이 웅이를 낳고, 특히 둘째 설이가 태어난 후부터 내가 자주 듣는 말들이 있다.

엄마 아기 보고 싶지 않아?
엄마 우리 저녁에 같이 맛있는 거 시켜 먹을까?
엄마 자고 가...
엄마 웅이가 할머니 보고 싶대.

딸이 이렇게 자주 나를 찾는다. 흔히 말하는 마마걸 같다고 해야 할까. 나는 그렇게 키운 적이 없는데! 하지만 나는 안다. 엄마가 아니라 손주들에게 사랑을 줄 할머니가 필요해서 부른다는 걸 말이다. 딸이 혼자 아이들을 돌봐야 하는 날이라도 충분히 해낼 수 있다는 걸 안다. 그래도 어른이 한 명 더 있으면 아이들에게 그만큼 더 많은 사랑을 줄 수 있으니 얼마나 좋겠냐며 아이들은 사랑받아서 좋고, 엄마는 손주 예뻐서 좋고, 일석이조라며 멋쩍게 웃으며 말한다. 딸의 뻔뻔함이 귀여워 못 이기는 척 갈 수밖에. 도대체 우리 엄마 세대는 혼자서 셋, 넷을 어떻게 키우셨는지, 새삼 존경스럽다.

바보×2

　남편은 원조 딸딸이 아빠였다. 딸딸이 아빠는 아들 없이 딸만 둘인 아빠를 의미했는데, 그 당시 아들을 낳아야 한다는 사회적 분위기 속에서 아들이 없는 아빠를 은근히 놀리는 말이기도 했다. 아들만 셋인 집에서 장남으로 자란 남편은 무뚝뚝할 거라는 예상과 다르게 딸들의 마음을 잘 읽어 주고, 친구처럼 재밌게 놀아주는 아빠였다. 그리고 늘 "딸이 좋아!"를 외쳤다. 얼마 전 인기 있었던 드라마 <폭싹 속았수다>의 금명이 아빠, 양관식 역할과 아주 똑 닮은 아빠라고 할 수 있겠다.

　딸 바보였던 남편은 큰딸의 임신 소식을 들었을 때 '딸이 딸을 낳았으면 좋겠다!'라며 내심 손녀를 기대했다. 하지만 몇 달 뒤 병원에서 아들일 거란 말을 들었을 때는 '그래도 태어나봐야 정확히 알지!'라고 말하며 손녀를 바라는 마음을 숨기지 못했었다. 그리고 예상대로 손자가 태어나자 '딸만 키워봤는데 손자는 어떻게 놀아줘야 하지?'라며 걱정 반 설렘 반의 마음을 보였다. 내가 할머니 소리가 어색하듯 남편 역시 할아버지라는 말이 익숙하지 않다며 머쓱(?)해했다. 하지만 웅이의 탄생을 누구보다 기뻐했고, 예뻐해 주고, 사랑해 주었다. 딸의 집에서 손주를 돌보고 오는 날이면 웅이의 하루를 궁금해하며 들려주는 이야기에 웃음을 짓던 남편의 얼굴이 아직도 선하다.

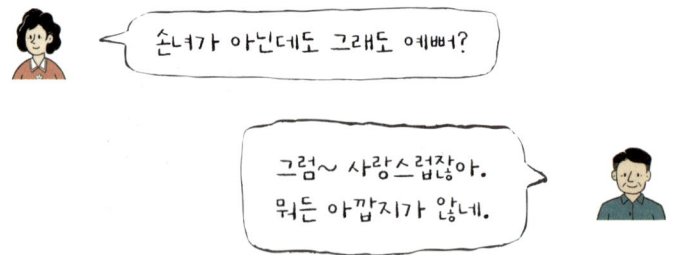

그러던 중 큰딸이 둘째를 임신했다. 입덧부터 먹고 싶은 것, 배 모양까지 모두 다르더니 이번에는 손녀가 태어났다. "무슨 아기가 이렇게 예뻐?" 친정 남동생이 한 말이다. 귀여움은 물론 애교까지! 손녀는 방긋방긋 웃기만 해도 모두의 마음을 녹였다. 이렇게 예쁜데, 딸 바보 할아버지가 편애하는 거 아냐? 하지만 괜한 우려였다.

할아버지는 오히려 웅이가 동생으로 인해 상처받을까 걱정하며 전보다 더 큰 마음을 웅이에게 쏟아주었다. 할아버지는 딸 바보 아빠에서 손주 바보 할아버지가 되었다.

넌 핑계를 대고 있어

웅이가 태어난 지 얼마 되지 않았을 무렵이다. 아기가 어릴 때부터 소리에 예민하지 않게 키워야 편하다고들 했다. 하지만 막상 육아를 시작해 보니 마음처럼 되지 않았다. 방마다 암막 커튼을 달았고, 곳곳에 걸려있던 벽시계는 모두 초침 소리가 없는 무음 시계로 교체됐다. 심지어 텔레비전 소리조차 신경 쓰여 웅이와 가장 멀리 떨어진 방의 구석으로 옮겼고, 그마저도 '조용히' 버튼을 누르며 소리 없이 화면만 보는 데 익숙해졌다. 웅이가 잠들면 혹여나 깰까 봐 온 가족이 발소리는 물론 숨소리마저 줄이며 아기가 숙면을 취할 수 있는 최상의 조건을 조성했다.

이러한 경험을 거쳐, 설이 때는 새로이(?) 마음먹었다. 이번엔 사이렌 소리에도 끄떡없는 아이로 키워보자! 하지만 현실은 또 달랐다. 설이는 옆에서 조금만 뒤척여도 우렁차게 울어대며 좀처럼 깊은 잠을 자지 못했다. 지금 생각해 보면, 설이는 애초에 잠이 적은 아이였던 것 같다. 그 통에 설이도, 가족들도 잠 못 이루는 밤이 이어졌다. 결단이 필요했다. 그래서 내린 결정은 분리 수면. 아이를 한 명씩 맡아 웅이는 아빠와, 설이는 엄마와 각각 다른 방에서 자는걸 거로 합의를 봤다. 하지만 예상치 못한 복병이 있었다. 웅이가 잠자리에 드는 시간만 되면 자상한 아빠도, 육아 고수 할머니도 모두 소용없었다.

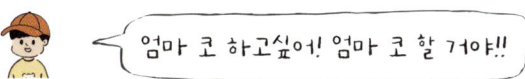
엄마 코 하고싶어! 엄마 코 할 거야!!

그럴 때면 안타까운 마음이 들었지만, 며칠만 참고 견디면 나아지겠지 싶었다. 하지만 동생이 태어난 뒤로 부쩍 엄마 껌딱지가 되어버린 웅이는 더 큰 소리로 울며 양보하지 않았고, 결국 마음 약한 엄마, 아빠는 매번 지고 말았다. 그런 상황을 유심히 지켜보니, 정작 엄마가 웅이와 떨어져 자는 걸 원하지 않는 눈치다.

"내가 웅이 잘 챙겨볼게. 한 번 따로 자보자."

"자다가 엄마 찾으면서 울면 어떡해. 그러면 어차피 다 깨는 건 마찬가지인걸... 오늘 하루만 더 데리고 잘게...!"

핑계다! 이건 분명 내 딸의 분리불안이다. 그렇게 오늘도 온 가족은 한방에서 자다 깨다 반복하고 있다.

당신은 우리와 함께 갈 수 없습니다

딸 부부가 첫째 웅이를 데리고 여행을 떠났다. 아니, 정확히 말하면 보냈다. 둘째 설이가 돌이 될 때까지 동생을 받아들이는 웅이의 마음을 조금이라도 더 보듬어주기 위한, 웅이를 위한 여행이다. 얼마 전부터 웅이가 조금씩 설이를 의식하기 시작했다. 신생아를 보기 위해 사람들이 찾아올 때마다 관심이 온통 동생에게 쏠리는 걸 느꼈는지도 모르겠다. 동생이 태어나기 전에는 자신이 주인공이었는데, 이제는 설이를 더 많이 바라보는 시선을 모를 리 없다.

설이가 백 일정도 지나면서, 이제 혼자 케어해도 무리가 없으니 편하게 다녀오라고 말했다. 설이만 두고 떠나는 부모의 미안함 그리고 걱정스러운 표정과는 달리 웅이는 오히려 빨리 떠나자며 재촉까지 했다.

웅이야~ 설이는 안 데려가?

아니야~ 설이는 할머니가 지켜주세요! 너무 아기라서 밖에 나가면 안 돼요!

    장난스레 붙인 말에, 웅이는 자신만의 논리로 함께 떠날 수 없다는 쐐기를 박는다. 그리곤 애착 장난감을 챙기고, 평소엔 실랑이를 벌이던 옷 입기에도 적극적으로 협조한다. 설이가 태어나기 전처럼 오랜만에 웅이가 엄마, 아빠와 함께하는 여행이 편안함과 행복, 즐거움으로 가득하길 바란다. 아마도 돌아오면 언제나처럼 현관문을 열자마자 "내 동생 설이야!"를 가장 먼저 외치면서 반가워할 것이다. 물론 잠시 후면 또 "설이 저리가! 이 장난감은 내 거야!"하며 싸우겠지만!

구구단을 외자

내 딸이 이제 막 말을 뱉을 무렵이었다. 업어주거나 재울 때면 항상 흥얼거리듯 자장가를 불러주곤 했다. 쉽게 잠들 때도 있었지만, 좀처럼 잠들지 못할 땐 두 세곡으로는 끝나지 않았다. 더 이상 불러줄 자장가 레퍼토리가 없어질 때쯤 재미는 없어도 길게 부를 수 있는 노래(?)로 넘어갔다. "이 일은 이, 이 이는 사, 이 삼은 육…" 구구단 자장가, 그리고 "동해 물과 백두산이 마르고 닳도록…" 애국가 4절 완창 자장가. 그렇게 딸을 재울 때면 매번 구구단과 애국가를 번갈아 불러줬고, 제법 지루한 자장가였는지 아이는 곧잘 잠들었다.

그러던 어느 날, 불확실한 발음이었지만 딸이 구구단을 흥얼거리는 것이 아닌가! 결단코 의도한 건 아니었는데 반복 학습의 효과였을까. 기특해서 함박웃음을 지으며 손뼉을 쳐주었더니 애국가도 4절까지 줄줄 외워 불렀다. 그 긴 자장가 노래를 부른다고? 별것 아닌 일에도 내 아이는 천재로 보이기 마련이다. 그럼 이제 뭘 불러주어야 할까! 행복한 고민을 했었다.

첫 손주가 엄마, 아빠, 함무니를 부르기 시작했을 때, 웅이에게도 구구단 자장가를 불러주기 시작했다. 말이 느렸던 웅이가 어느 날 기가 막히게도 구구단 5단까지 흥얼거렸다. 딸은 신기했는지 동영상을 찍어 우리에게 보내줬다. 제 엄마를 닮은 걸까? 기특한 마음에 포대기로 웅이를 업어 재울 때면 또다시 구구단 자장가를 불러줬다. 그런데 한 번의 성공이 늘 반복되는 건 아니었다. 어느 때부터 3단을 넘어가면 "이거 싫어, 하지 마!" 했고, 그럭저럭 듣던 애국가 자장가도 2절을 넘기지 못했다.

하지만 난 쉽게 포기하는 할머니가 아니다. 딸에서 손주로, 이제는 둘째 설이에게로 세대를 넘는 내 자장가 교육은 여전히 현재진행형이다.

남편은 남편

 손주들을 돌보기 위해 못 해도 일주일에 세 번은 딸 집에 가야 한다. 딸은 둘째를 낳고 이제 조금 편해질까 싶을 때부터 다시 일을 시작했다. 프리랜서라 시간이 어느 정도 유동적이었지만, 그만큼 나는 시도 때도 없이 불려 가는 일이 많았고, 오롯이 나만의 계획을 세우기가 어려웠다. 게다가 하루건너 딸 집에 다녀오겠다고 말하니 처음엔 협조적이었던 남편도, 정작 내 살림에 소홀한 게 눈에 보였는지 자주 집을 비우는 것에 가끔이지만 은근히 불만을 드러냈다.

"애들 봐주러 다녀올게. 오늘은 늦을 거야."

"또 가야 해? 당신이 다 해주니까 조금만 힘들어도 부르잖아. 스스로 하게 놔둬 봐."

"일을 한다잖아. 요즘 젊은 사람들 다 맞벌이로 사는데, 내가 도와줄 수 있어서 다행이지."

사실 한마디 더 하고 싶었다. 나도 지치고 힘들다고. 내 아이만 키우면 끝날 줄 알았는데, 또 다른 육아의 시작이라니! 두 눈 꼭 감고 손주 돌보는 일은 절대 모른 척하겠다고 다짐했건만, 아기 천사와 눈이 마주친 순간 무너졌으니 내 잘못인가? 어쩌면 처음부터 무너지라고 만든 다짐이었는지도 모르겠다. 언젠가 심술이 나서 남편에게 한마디 했다.

결국 미안해하는 남편의 모습에 등 떠밀리듯 딸의 집으로 향했다. 처음부터 잘 말해주면 좀 좋아? 흥~

포포의 시간은 거꾸로 간다

털이 쪄 풍신풍신해진 포포 미용할 때가 됐다.

털을 짧게 잘라주었다.

우리는 서로를 보며 자란다

전설의 빨간 고무대야

아이들의 여름 방학이 돌아오면 내 어린 시절이 떠오른다. 햇볕이 뜨겁게 내리쬐던 할머니 댁 근처 냇가는 동네 아이들의 명소였다. 또래 친구들은 약속이라도 한 듯 하나같이 냇가로 뛰어들어 물놀이했고, 피부가 벌겋게 그을리도록 놀다 보면 방학이 끝나갔다. 그 무렵엔 너나 할 것 없이 모두 구릿빛 피부가 되어 있었다.

어린이집 방학을 맞아 웅이가 노래 부르던 서봉 할머니 집에 왔다. 햇살이 따사로웠던 날, 심심해하는 웅이에게 "물놀이할까?" 하고 물으니 신이나 방방 뛰며 욕실로 향했다. 집에서 하듯 욕조에 물을 받아서 노는 걸 떠올린 모양이다. 마당에서 하는 물놀이가 훨씬 재미있을 거라고 말하니 웅이는 마당에 수영장이 없다며 고개를 갸우뚱한다. 어리둥절한 웅이와 함께 마당으로 나와 겨울이면 김장하던 커다란 빨간 고무대야를 꺼냈다. 고무대야를 박박 씻고 물을 채우기 시작하자 처음 마주한 난데없는 빨간 통이 신기한지 제 엄마와 함께 킬킬거리며 웃는다. 큰딸도 자기 어릴 적 제 할머니가 물놀이하라며 빨간 고무대야에 물을 담아줬던 기억을 떠올린 것 같았다.

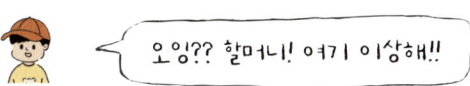

오잉?? 할머니! 여기 이상해!!

물놀이는 너무 좋지만 튜브로 된 수영장이 아닌 빨간 고무대야가 영 어색했는지, 손끝으로만 물을 휘휘 저어본다. 들어가면 시원하고 재밌을 거라며 부추겼더니 헤헤 웃으며 곧장 첨벙첨벙 뛰어들었다. 그리고 집에서 챙겨온 물총에 물을 가득 담더니, 옆에서 놀아주는 엄마와 이모에게 물세례를 퍼부으며 깔깔댔다. 마당에서 하는 놀이라 물이 사방으로 튀고 흘러넘쳐도 신경 쓰지 않아도 되니 더욱 신난 것 같았다. 뜨거운 여름 햇볕 아래 온몸으로 더위를 밀쳐내며 노는 웅이의 모습은 내 어릴 적 추억까지 떠오르게 했다. 웅이에게도 제 엄마처럼 이 진한 빨간 고무대야 수영장이 오래도록 선명한 여름의 기억으로 남을 듯하다.

사랑은 움직이는 거야

딸이 이사하기 전에 살던 아파트 단지에는 서로 잘 아는 친구 부부가 있었다. 그 친구 부부에게는 웅이보다 두 살 많은, 적극적이고 활달한 윤아 누나가 있다. 주말이면 두 가족은 공동육아를 하며 아이들과 시간을 보내곤 했는데, 그런 날이면 웅이는 윤아 누나의 행동을 많이 따라 했다. 평소 조심성이 많아 무서워 잘 타지 않던 그네도 윤아 누나가 타는 걸 보고는 세게 밀어 달라고 하고, 잘 먹지 않던 종류의 간식도 윤아 누나가 먹으면 자신도 먹겠다고 했다. 심지어 밥도 어설프게나마 숟가락과 포크를 사용해 스스로 먹으려 했다. 신중하고 조심스러운 성격의 웅이가 윤아 누나에게 여러모로 긍정적인 영향을 받는 것 같아 기특하고 예뻤다.

하루는 근처에 사는 딸의 선배 부부와 그들의 딸인 수아 누나도 함께 놀았는데, 처음 보는 새침한 성격의 누나가 마음에 들었는지 웅이는 '지금은 수아 누나가 더 좋아!'라고 말하기도 했다. 웅이에게 또래 친구들이 많아지고, 함께 어울리는 걸 즐거워하는 모습에 모두 웃음이 절로 나왔다.

이후 웅이는 새집으로 이사해 어린이집에 다니기 시작하면서 새로운 친구를 많이 사귀게 되었다. 그중에는 귀엽고 새침한 같은 반 친구 태리가 있었다. 딸은 어린이집 생활이 궁금해 하원길에 이것저것 물어보곤 했지만, 웅이는 그저 "재미있었어"라고 짧게 대답만 할 뿐이었다. 그런데 어느 날부턴가 하원하고 집으로 올 때면 태리와 함께 한 미술 활동이나 야외 놀이 이야기를 조잘조잘 들려주기 시작했다. 태리와 짝을 지어 놀았던 일을 유난히 좋아하는 듯했다. 놀이터에서 태리를 만나면 "할머니, 태리가 있어요!"라며 손으로 가리키며 좋아했다. 그 모습이 어찌나 귀엽던지 짓궂은 질문을 자꾸만 하게 된다.

웅이야! 윤아 누나, 수아 누나, 그리고 태리 중에 누가 제일 좋아?

태리!

웅이는 '엄마가 좋아, 아빠가 좋아, 할머니가 좋아, 이모가 좋아?' 질문에는 엉뚱한 대답으로 답하지만, 태리와 관련된 질문에는 늘 거침없다.

ㅅr랑은 움직OI는 ㄱㅓ0ㅑ...☆

이모는 내꺼야

웅이는 이모, 그러니까 내 둘째 딸을 정말 정말 좋아한다. 손주들을 돌보러 갈 때 시간이 맞으면 이모도 함께 가곤 했는데, 그럴 때마다 이모는 웅이를 위해 지극정성을 다했다. 웅이가 푹 빠져있는 만화 〈퍼피구조대〉의 캐릭터 장난감을 무려 해외직구로 사고 (우리나라에 퍼피구조대 장난감이 많지 않아 대체로 아마존을 이용해야 했다), 엄마나 아빠는 잘 주지 않는 젤리나 초콜릿을 가방 속에 몰래 챙겨간다. 놀이방에서 함께 놀면서 '비밀이야~'라고 쑥덕거리며 간식을 나눠 먹기도 한다. (물론 4살짜리 아이가 군것질을 많이 하면 안 되기에, 적당량의 간식과 비타민이 섞인 젤리를 준다.) 하지만 금세 들켜 엄마가 눈을 흘기지만, 둘은 입안에 넣은 과자를 맛있게도 먹으며 장난치듯 도망 다닌다. 이모가 가방에서 계속 간식과 선물을 꺼내니 숨바꼭질 놀이하듯 요술 가방에는 또 무엇이 들어있을지 궁금해하고, 이모와 끊임없이 대화를 주고받는다.

사실 둘째 딸은 제 언니의 임신 소식을 들었을 때 누구보다 기뻐하고 축하해줬지만, 한편으론 걱정을 많이 했다. (난 그렇게 키운 적이 없지만) 아이를 썩 좋아해 본 적 없는 자신이 과연 언니를 좋아하는 만큼 조카도 예뻐해 줄 수 있을지 고민이 된다는 것이었다. 자기는 언니가 너무 좋은데, 조카를 충분히 사랑해 주지 못하면 언니가 서운해할 것 같다는 이야기였다.

조카는 태어나봐야 알아.
멀리하고 싶어도 그럴 수가 없는 존재야.
돈이나 더 많이 벌어놔.
뭐든 해주고 싶어서 주머니 걱정을 해야 할 걸?

과거의 걱정이 무색하게, 지금의 이모는 친구 같고 엄마 같기도 한 이모가 되어있다. 조카의 환한 미소를 보기 위해 지갑을 아낌없이 열고, 사람 많은 곳을 싫어하던 애가 이제는 대형 쇼핑몰이나 키즈카페도 마다하지 않는다. 그렇게 이모는 스스로 '조카 맞춤형 이모'가 되어버렸다.

배터리가 부족합니다

 웅이가 심한 장염을 앓았다. 어린이집을 다니다 보니 아무리 신경을 쓴다 해도 몇 번 옮아 온 적이 있었지만, 대부분은 금세 나았다. 하지만 이번에는 달랐다. 첫날부터 구토와 설사를 쉼 없이 하더니 이내 기운이 쭉 빠졌다. 물이라도 마셔야 하는 데 여러 증상으로 지친 웅이는 물조차 입에 대지 않았다. 평소처럼 웃지도 않고, 말을 걸어도 반응이 시원찮고, 힘없이 잠만 자며 모두의 속을 애태웠다.

 음식은커녕 물도 못 마시고 점점 기력이 빠지니 결국 다음 날 다시 병원에 갔다. 의사 선생님은 탈수가 시작됐다며 수액 치료를 권했다. 저 가녀린 팔에 주삿바늘을 꽂을 혈관이나 찾을 수 있을까. 딸은 눈물이 맺힌 채 부쩍 수척해진 웅이를 걱정 어린 눈빛으로 바라봤다. 평소 같으면 겁이 나 울고 떼쓸 법도 한데, 이번엔 반항할 힘조차 없었는지 순순히 팔을 내밀고 가만히 누워있다. 이날 우리는 서로 '내가 대신 아프고 싶다'는 말을 몇 번이고 했다. 링거를 팔에 꽂은 채 잠들어 버린 웅이를 그저 바라보는 것 말곤 해줄 수 있는 게 없어 마음이 힘들었다. 딸은 자식을 대신해 아플 수 있으면 좋겠다고 말하는 부모들의 심정을 이제야 알겠다고 했다.

그렇게 또 하루가 흘렀다. 아픈 웅이를 뒤로한 채 2박 3일 동안 회사 일정을 소화해야 했던 사위는 내내 마음을 졸였던 터라, 집에 돌아오자마자 웅이를 보곤 몇 번씩 이름을 부르면서 안쓰러운 눈으로 바라봤다. 다음 날, 다행히 고비를 넘긴 웅이가 아빠와 함께 병원에 진료를 받으러 가는데, 걱정하는 아빠의 마음을 알기라도 하듯 이렇게 말했다고 한다.

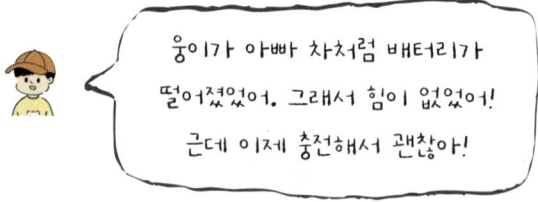

이 사랑스러운 말 한마디가, 할머니의 마음을 울리고야 말았다.

웅이 언어 사용설명서

웅이는 또래보다 성장 속도가 조금씩 느렸다. 기는 것도, 앉는 것도, 걷는 것도, 심지어 말하는 것까지도. 물론 이는 통상 '이맘때쯤이면 해야 하지 않나?'라고 생각하는 어른들의 기준일 뿐이다. 어쨌든 천천히 잘 자라고 있음에도, 개월 수에 따른 평균적인 행동이 보이지 않으니 딸의 마음이 조금 조급해지는 것 같았다. 옆에서 괜찮다고 말해줘야 하는 나조차도, 지난날 내 아이들의 성장 과정을 잠시 잊은 해 조급함에 동참했다. 그리고 시간이 흐른 지금, 이 모든 건 부질없는 걱정이었음을 또다시 깨닫는다.

걷자마자 뛴다고 했던가. 조금 늦게 말을 뗀 웅이는 발음은 조금 어눌했지만, 그동안 못다 한 말을 다 하려는 듯 끊임없이 조잘거렸다. 그리고 여느 아이들처럼 '왜?'를 달고 살기 시작했다. 더 이상 대답해 줄 말이 없을 때까지 질문 공세가 이어졌고, 그중에는 미처 알아듣지 못하는 말도 더러 있었다. 엄마만이 해석할 수 있는 '웅이만의 언어'였다. 웅이의 말을 이해하지 못해 대답을 대충 얼버무리기라도 하면 웅이는 또다시 '왜?'라고 되묻고, 그러면 딸에게 통역을 부탁하고, 웅이에게 제대로 된(?) 대답을 해주면 웅이는 또다시 물어보고, 알아듣지 못하는 말은 다시 딸에게 통역을 부탁하고... 어느 날 웅이와 단둘이 시간을 보내던 중이었다.

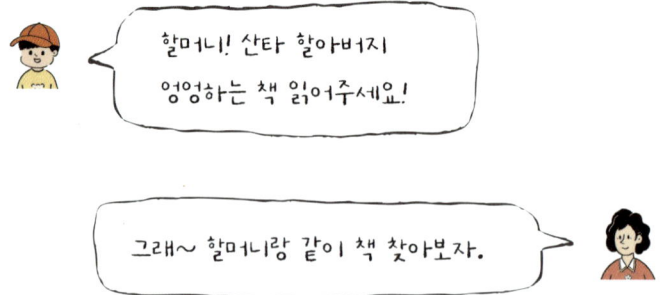

책꽂이에 꽂힌 책들을 이리저리 살펴봐도 비슷한 뉘앙스의 책조차 보이질 않았다. 또다시 통역을 위해 딸에게 전화를 걸었다.

> 웅이가 산타 할아버지 엉엉하는 책을 읽고 싶다는데, 그게 무슨 책이야? 어느 책꽂이에 꽂혀있어?

> 아~ 『개구쟁이 특공대의 크리스마스』야. 아이들이 더 이상 산타할아버지를 믿지 않아서 산타할아버지가 슬퍼하는 장면이 있는 책이야. 그 책을 그렇게 부르더라고.

웅이 만의 책 제목이 따로 있었다. '불 끄는 소방차', '병원 이야기', '곤충의 세계' 같이 단순한 책 제목 대신, 웅이만의 더욱 섬세하고 재밌는 표현이 가득한 언어로 책을 기억하고 있었다.

아나바다

*아껴 쓰고 나누어 쓰고 바꾸어 쓰고 다시 쓰자

내 딸들은 두 살 터울이다. 대부분 그렇듯, 첫째 아이는 가족과 주변 지인들로부터 선물이 잘 들어온다. 첫 아이이다 보니 우리 부부도 아낌없이 사주었다. 아이를 키우면서 살림 요령이 어느 정도 생겼고, 하루가 다르게 쑥쑥 자라는 아이에게 꼭 많은 걸 해주지 않아도 된다는 걸 알게 됐다. 그래서 첫째 육아에 사용했던 물건 중 쓸만한 것들을 열심히 골라 보관해 두었고, 둘째는 제 언니의 거의 모든 것을 물려받았다.

당시 우리 집 근처에는 우리 언니와 조카, 그러니까 아이들의 이모 그리고 큰딸보다 3살 많은 사촌 언니가 살았다. 내 딸과 성별이 같은 데다 조카가 첫째다 보니 쓸만한 물건들이 많았다. 살림 솜씨가 좋은 언니는 육아용품이나 옷가지들을 깨끗하게 쓰고 정갈하게 잘 정리해 모아 두었다가 내 첫째 아이에게 물려주었는데, 그게 참 고마웠다. 덕분에 난 그렇게 물려받고, 또 물려주며 두 아이를 키웠다.

두 손주는 만 세 살 차이가 나고, 성별도 다르다. 육아용품은 워낙 잘 나와 그대로 사용해도 불편한 게 없었는데, 아기 옷은 성별이 달라 조금 애매했다. 게다가 웅이는 또래보다 많이 큰 편이고, 설이는 또래보다 많이 작았다. 웅이가 비슷한 개월 수에 입었던 옷을 꺼내 설이에게 입히면 옷에서 성별이 너무 뚜렷하게 느껴졌고, 옷이 커도 너무 커 웃음이 나올 지경이었다.

첫 조카를 얻은 미혼의 젊은 이모는 웅이에게 푹 빠져 지갑을 아낌없이 열었다. 덕분에 웅이에겐 한두 번만 입은 좋은 옷이 넘쳐났다. 하지만 설이가 물려 입기에 여러모로 애매했고, 깨끗하고 좋은 옷을 버리기엔 아쉬웠다. 그래서 실내복은 아직은 아기니까 괜찮다고 합리화하며 설이에게 입혔고, 좋은 겉옷은 동년배의 체구가 조금 더 작은 사촌에게 물려줬다. 딸이 아이들을 키우면서 중고 거래 플랫폼을 잘 이용하는 점도, 물려받고, 물려주는 좋은 습관들이 있는 것이 참 기특하다. 그런데 돌이켜 생각해 보면 난 여자 형제 중 둘째로 자라면서 언니 옷을 물려 입는 게 정말 싫었다. ㅋㅋ

퍼피구조대

웅이는 요즘 남자 주인공인 대장 라이더와 여섯 마리 강아지가 활약하는 애니메이션 <퍼피구조대>에 푹 빠져 있다. 텔레비전을 시청하면서 "할머니! 라이더가 이렇게 했더니 험딩어 시장님이 어쩌고저쩌고~"하면서 대화를 주도한다. 강아지의 이름이나 역할을 물어볼 때 대답하지 못하거나, 웅이의 설명에 맞장구치지 못하면 서운해하기도 한다. 그러면서 다음엔 꼭 기억하라며 하나하나 정성스레 설명해 주는 열정도 잊지 않는다. 미디어를 제한하는 엄마도 퍼피구조대를 볼 때만큼은 "같이 봐야 재밌지~" 하며 웅이의 눈높이에 맞춘다.

엄마, 오늘은 퍼피구조대 언제 볼 수 있어요?

 시계 봐봐. 작은 바늘이 5에 가면 볼 수 있어.

 작은 바늘은 너무 천천히 가요. 긴 바늘이 5에 가면 보여주세요!

퍼피구조대를 보기 위해 시계 놀이를 하다 보니 시간 개념을 비교적 빨리 깨쳤을 정도다. 이렇게 유독 퍼피구조대를 좋아하니, 상술이라는 걸 알면서도 관련된 장난감들을 선물해 줄 수밖에 없다. 이번 크리스마스에도 가족 모두가 약속이라도 한 듯, 웅이가 제일 좋아하는 퍼피구조대 장난감을 준비했다. 덕분에 아이의 놀이방은 강아지 피규어와 각종 구조 차량, 본부 건물 등 퍼피구조대에 등장하는 온갖 장난감들로 발 디딜 틈이 없을 지경이다.

웅이가 처음 미디어를 접하기 시작했을 땐 <뽀롱뽀롱 뽀로로>에 빠져 집안 곳곳이 뽀로로 천국이었다. 조금 더 컸을 땐 핑크퐁의 첫 인간 캐릭터 애니메이션 <베베핀>을 좋아했는데, 당시에는 관련

상품이 거의 없어 딸 부부가 수소문 끝에 어린이 용품전에서 열린 베베핀 공연을 보러 다녀오기도 했다. 그리고 지금 웅이의 최대 관심사는 <퍼피구조대>다.

 아이가 빠져있는 콘텐츠에 부모가 함께 관심을 두고 즐겁게 반응해 주니, 아이는 이에 따라 긍정적 반응을 얻고 또 한 발짝 발돋움한다. 손주가 자라고, 자식도 함께 성장하는 모습을 지켜보는 일은 참으로 큰 행복이다.

셀프 처방

 함께 육아하는 처지라 그런지 손주들이 아프기라도 하면 괜히 내가 미안한 마음이 든다. 특히 서봉에서 놀다 간 다음에 아프면 더더욱 내가 잘 돌보지 못해 그런 것 같아 죄책감이 상당하다. 예전에는 굳이 맞지 않았던 독감 예방 접종을, 이제는 손주를 위해 매년 자진해서 맞을 정도다. 웅이가 기침이라도 하면 둘째 설이에게 옮을까 걱정부터 앞선다. 어른은 하룻밤 푹 쉬면 괜찮아지는 가벼운 증상이어도 아이들만큼은 예외다. 조금만 아파 보여도 바로 병원으로 향하게 된다. 병원에서 진료를 마치고 약국에 가면 처방 약과 함께 캐릭터가 그려진 비타민 사탕을 하나 챙겨주는데, 그 덕분인지 웅이는 병원을 가는 데 큰 거부감이 없다.

병원 로비의 화면에 웅이의 이름이 뜨고, 간호사 선생님이 이름을 부르면 진료실로 들어간다. 웅이는 씩씩하게 진찰실로 들어가 의자에 앉으며 의사 선생님에게 말한다. "웅이 조금밖에 안 아파요. 주사 말고 약만 주세요!" 어떤 날은 정기 검진으로 치과에 갔다. 살짝 긴장한 기색이 보이긴 했지만 무서워하거나 울지는 않았다. 귀여운 캐릭터 의자에 눕듯이 앉아 "아~ 하세요" 말하는 의사 선생님의 말씀에 기특하게 입도 잘 벌린다. "양치질을 잘하나 봐요. 이가 깨끗하네요." 의사 선생님이 칭찬하셨다. 사탕이나 초콜릿 같은 단 간식을 멀리했더니 비교적 규칙적이지 않은(?) 양치질 습관에도 불구하고 충치 하나 없이 치아가 깨끗하단다. 어쩐지 의문스럽지만, 건강하다는 말에 마음이 놓였다. 치과를 다녀온 날 밤이었다.

스스로 처방까지 내리는 귀여운 웅이. 나중에 의사가 되려나?

화장품이 왜 거기서 나와

아이들은 커가면서 연령대에 맞는 장난감을 가지고 논다. 때에 맞춰 새로운 장난감을 결코 부족하지 않게 제공하지만, 아이들 주변에는 언제나 호기심을 자극하는 물건들이 넘쳐난다. 그중 단연 눈에 띄는 건 어른들이 늘 손에 들고 있는 핸드폰이다. 화면을 만지면 불빛이 켜지고, 손가락으로 밀면 카메라가 켜지며 자기 얼굴이 화면에 나온다. 웅이는 한창 기어다닐 때부터 핸드폰이 눈에 보이면 손으로 잡으려 마구 기어다니곤 했는데, 어설프게 걷기 시작한 설이도 요즘 핸드폰에 눈독을 들이고 있다.

두 번째 호기심은 엄마의 화장품이다. 내 딸들도 어릴 적 립스틱을 가지고 놀다가 뭉개거나 부러뜨린 일이 한두 번이 아니었다. 심지어 작은딸은 립스틱의 맛이 궁금했는지 가지런한 잇자국을 남기기도 했다. 애초에 아이 손에 닿지 않는 곳에 두는 게 맞지만, 스킨이나 로션처럼 유리병이 아니라 위험하다고 생각하지 않아 화장대 위에 그대로 두었다. 그럼 어느샌가 아이들은 립스틱 뚜껑을 여닫으며 신나게 놀다가, 나중엔 얼굴을 도화지 삼아 문지르고 그림을 그리며 신기해했다.

나도, 내 딸들도 엄마의 화장품에 관심이 많았는데, 웅이 역시 예외가 아니었다. 엄마의 화장품 중에서도 유달리 팩트(쿠션)를 좋아했다. 금빛으로 반짝거리는 케이스에 버튼을 누르면 자동으로 열리고, 닫을 때는 탁 하고 맞물리는 소리와 느낌이 재미있다 보니, 마치 애착 인형처럼 손에 쥐고 잠들기도 했다. 자꾸 만지다 보니 화장품 케이스는 헐거워지고 아이의 옷이 엉망이 되길 부지기수였다. 이건 장난감이 아니니 가지고 놀면 안 된다고 타일러도 그때뿐이었고, 이제는 기어다니는 동생과 재밌는 장난감을 공유하듯 함께 화장품을 가지고 논다. 아무래도 하지 말라고 하면 더 해보고 싶은 게 아이들 마음인가 보다. 오늘도 귀여운 청개구리와 청개구리의 자식들이다.

판박이 스티커

하나, 둘, 셋, 넷, 다섯, 여섯, 일곱, 여덟, 아홉... 열! 다 됐어요?

이모가 선물해 준 퍼피구조대 캐릭터 타투 스티커를 손등에 올려두고 분무기로 물을 뿌리더니, 잘 붙으라고 꼭 눌러가며 신나게 숫자를 센다. 도대체 몇 번째인지, 이제 그만하자고 말해 봐도 딱 하나만 더 하겠다며 양쪽 팔에 스티커를 가득 붙였다. 팔에는 더 이상 붙일 자리가 없다는 걸 알았는지, 또 붙일 새로운 자리를 탐색하다 어느새 배꼽 위까지 하나를 더 붙였다. 얼굴에 안 한 게 다행이려나 싶은 정도였다.

엄마! 설이 팔에는 러블 스티커 붙여주자!

동생은 아직 어려서 안 돼~

아니야~ 설이가 하고 싶다고 했는데??

  좋아하는 캐릭터를 몸에 붙이는 게 재밌었는지 동생 팔에도 한번 해보고 싶었나보다. 동생도 팔에 하고 싶다고 하는데 해줘도 되냐고 물으며 아직 말 못 하는 동생 핑계까지 댄다. 인체에 무해하며 어린이 인증을 받았다는 표시가 되어있지만, 여린 피부에 무리가 아닐지 살짝 걱정도 된다.

  예전에는 슈퍼에서 풍선껌을 사면 껌 포장지가 판박이 스티커로 되어 있었다. 딸들도 웅이처럼 양쪽 손등에 판박이 스티커 붙이기를 좋아해서 슈퍼에만 가면 풍선껌을 사 달라고 졸랐다. 아이들에게는 풍선껌의 맛보다는 겉모양, 그러니까 캐릭터가 예쁜 게 훨씬 중요했다. 재미 삼아 붙였던 판박이는 하루만 지나도 조금씩 벗겨져 금세 지저분해졌는데, 판박이 가장자리는 쉽게 떨어지면서도 정작 안쪽은 비누로도 깨끗이 지워지지 않았다. 요즘처럼 클렌징오일로 지우는 것도 몰랐던 시절이라, 며칠이 지나야 조금씩 흐릿하게 사라졌다. 지저분해진 건 빨리 지우고 새로운 캐릭터를 붙이고 싶어 타올로 억지로 문지르다 보면 피부는 빨갛게 부어올랐다. 그리곤 다 지웠으니 또 붙여도 되냐며 허락을 받곤 했다. 두 딸은 서로 팔에 붙인 판박이 스티커를 보여주며 자신의 것이 더 예쁘다며 으스대고는 했는데, 이렇게 보니 그 딸에 그 손주구먼?

마이 프레셔스

 우리 집 대문을 열고 들어서면 울타리 바로 앞에 '남천'이라는 나무가 있다. 가을이면 잎이 붉게 물들고, 겨울엔 앵두처럼 보이는 빨간 열매를 맺는다. 웅이는 서봉에 놀러 올 때면 마당을 한 바퀴를 쭉 둘러보고 집 안으로 들어가곤 한다. 지난겨울, 빨갛게 익은 남천 열매가 신기했는지 한 알, 한 알 따서 외투 주머니에 넣기 시작했다. 먹지 못하는 거라고 알려주니 괜찮다며 자꾸만 주머니에 넣었다. 그렇게 한참 놀다가 집으로 들어와 외투를 벗고는 이모와 손을 씻으며 놀길래, 외투 주머니에 있는 남천 열매를 몰래 꺼내 쓰레기통에 버렸다. 호기심 많은 강아지 포포가 혹시라도 열매를 꺼내 먹을까 봐 신경이 쓰였다. 웅이는 그 후로도 이모와 재밌게 놀

앗다. 그런데 잠시 후, 불현듯 생각이 났는지 외투를 찾아 주머니를 뒤지기 시작했다.

웅이 뭐해?

웅이 보물... 어딨지? 웅이가 주머니에 쏙 넣었는데?

으응... 열매 요정님이 가져갔나 봐. 어떡하지? 할머니랑 다시 나가서 새로 따올까?

아뿔싸. 서봉에 오자마자 열심히 따서 모아둔 남천 열매를 찾는 거였다. 잊은 줄 알았는데, 차마 버렸다는 말은 하지 못하고 다시 따러 나가자고 했더니 대성통곡을 했다. 아까 딴 열매가 웅이에게는 '보물'이었고, 새로 따는 건 더 이상 보물이 아니었다. 새로 따는 건 아무런 의미가 될 수 없다는 듯 서럽게 울었다.

얼마 전에도 어린이집에서 하원하는 길에 나뭇가지 하나를 손에 들고 들어와서는 동생에게 선물이라며 줬다는데, 큰딸은 설이가 얼굴이라도 긁히거나 입에 넣을까 봐 걱정돼 아무 말 없이 조용히 버렸다고 한다. 그 사실을 알게 된 웅이가 엉엉 우는 바람에 '아 여기 있었네!' 하며 몰래 쓰레기통에서 얼른 꺼내 줬다고 했다. 아이들은 별것 아닌 것처럼 보이는 나뭇가지 하나, 작은 열매에도 마음을 담은 보물로 여기며 소중함을 느끼는데, 따뜻한 네 마음을 알아주지 못해서 미안해!!

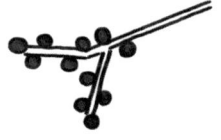

0부터 10까지

이 서방은 아이들과 잘 놀아주고 언제나 최선을 다하는 좋은 아빠다. 갓난아기 때부터 육아에 적극적으로 참여해서 그런지 아이들의 마음을 잘 이해하고 세심하게 보살펴 준다. 웅이가 새벽 4시 반에 기상해도, 큰딸과 설이가 깰까 봐 웅이만 안고 거실로 나와 놀아준다. 특별한 날이 아니어도 연차나 반차를 써서 아이와 함께 에버랜드에 다녀오기도 하고, 지하철 타는 걸 좋아하는 웅이와 주말이면 지하철 투어도 다닌다.

신나게 잘 놀아주는 덕분에, 엄마가 자리를 비워도 어디 간 건지 궁금해하지만 크게 아쉬워하거나 불안해하지 않는다. 하지만 밤이 되면 이야기는 달라진다. 사방이 어두워지기 시작하는 순간 엄마만 찾는 엄마 바라기가 된다. 밥도 엄마랑, 목욕도 엄마랑, 잠도 무조건 엄마랑만 자야 한다. 심지어 둘째 설이까지 밤만 되면 엄마를 찾으니 딸은 힘들다. 이 서방은 "웅이야, 설이야~" 다정히 부르며 도우려 하지만, 아빠는 싫고 엄마만 좋다며 좀처럼 두 아이가 틈을 주지 않으니 그때만큼은 살짝 서운해지는 모양이다.

여느 날처럼 어두운 새벽에 일어난 웅이가 뒤척이며 엄마를 깨웠다. 설이는 이앓이를 하는지 밤새 칭얼거렸고, 딸은 거의 뜬눈으로 밤을 지새운 탓에 몸을 일으키는 것도 힘들었다고 한다. 그런데 그 순간, 웅이가 '난 엄마가 세상에서 제일 좋은데, 첫 번째로 좋은데... 그래서 엄마랑 같이 놀고 싶은데...' 하며 중얼거렸다고 한다. 그 말을 들은 딸은 무려 '천사의 목소리'라고 표현했다. 엄마가 첫 번째로 좋다는 웅이의 고백에 피곤은 단숨에 가시고, 벌떡 일어나 웅이를 사랑 가득 꼭 안아주었다고 한다. 그리곤 아이에게 장난스레 물었다.

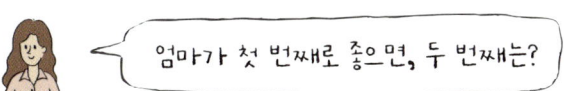
엄마가 첫 번째로 좋으면, 두 번째는?

할머니!

이 서방이 이 이야기를 듣고는 0이 1보다 더 앞선 숫자라며 좋아했다. 공대 출신 아니랄까 봐, 애써 0이 가진 숫자의 의미를 찾아낸다. ^o^;;

콩깍지가 아니야

예쁘다. 설이는 정말 예쁘다. 내 눈에 설이는 아침 햇살처럼, 풀잎에 맺힌 아침 이슬처럼, 하늘에 몽실몽실 떠 있는 구름처럼, 비 온 뒤 뜬 무지개처럼 세상의 모든 말랑함과 따뜻함, 신비로움이 어우러져 있다. 눈만 마주치면 이모티콘처럼 (^-^) 히- 하고 웃는 설이에게 마음을 주체하지 못하고 연신 예쁘다, 예쁘다 말하며 놀아주었더니, 그 모습을 지켜보던 딸이 툭 한마디 던진다.

엄마, 객관적으로 봐! 설이는 아기라서 귀여운 거지, 솔직히 엄청 예쁜 건 아니야! 다른 데서 지금처럼 말하면 속으로들 웃어~

웅이 때는 딸이 아기를 바라보며 '세상에, 이렇게 예쁘고 잘생긴 아기가 어떻게 내 뱃속에서 나왔지?' 하며 연신 감탄했었다. 그럴 때마다 나는 '그 정도는 아니야'라고 말하곤 했고, 딸은 '할머니가 너무 냉정해!'하며 눈을 흘겼다. 그랬던 딸이 이제는 자신도 자식들을 어느 정도 객관적으로 볼 수 있다면서 웃으며 이야기한다. 엘리베이터에서 설이를 안고 이웃 주민과 마주쳤는데, 그분이 설이를 보고는 "어머, 귀여워라. 몇 개월이에요?" 하는 통상적인 말을 했단다. 아기가 정말 예쁘면 앞에 붙는 감탄사가 다르다나 뭐라나. 그러면서 설이는 아직 아기라서 귀여운 것뿐이라는 결론을 내밀었다. 할머니가 설이에게 이성을 잃어(?) 세상에서 가장 예쁜 아기라고 착각하는 거라며 기어코 작은딸에게까지 확인을 받는다.

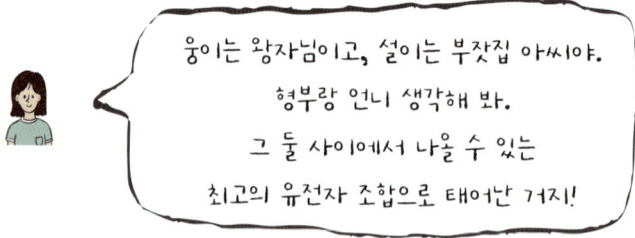

웅이는 왕자님이고, 설이는 부잣집 아씨야.
형부랑 언니 생각해 봐.
그 둘 사이에서 나올 수 있는
최고의 유전자 조합으로 태어난 거지!

작은딸은 큰딸이 듣고 싶어 하는 말을 참 잘 안다. 부모라면 자식이 자신보다 더 잘나길 바라는 법이니까. 아니, 근데 설이는 진짜로 예뻐! 정말이라니까?

묻고 더블로 가!

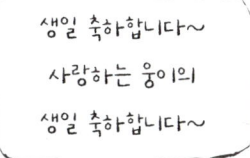생일 축하합니다~
사랑하는 웅이의
생일 축하합니다~

후~~~~

자~ 이제 케이크 먹자~

아니야. 한 번만 더하자!

진짜 마지막이야?!

벌써 몇 번째인지 모르겠다. 생일 축하 노래를 부르고, 초를 끄고, 다시 노래를 부르고. 모두가 조금씩 지쳐갈 즈음 웅이가 한마디 한다. 이따가 또 케이크 후~하자!

웅이의 생일이 돌아올 때마다 케이크를 대하는 모습에서 아이가 얼마나 자랐는지를 새삼 느낀다. 첫 번째 생일에는 엄마와 아빠가 웅이의 손을 꼭 잡고 대신 불을 초를 껐다. 두 살이 되던 해에는 케이크에 불을 켜자마자 기다리지도 않고 입으로 바람을 후 불었는데, 초는 꺼지지 않고 침만 잔뜩 튀기는 웃기는 상황도 있었다. (작은딸은 케이크에 웅이 침이 가득하다며 상단의 크림은 제 언니보고 먹으라고 했다.) 세 살이 지나자 케이크를 사 오기만 해도 "웅이 생일이야?" 하며 기대에 찬 얼굴로 노래를 부르고, 초에 불을 붙이고 끄는 걸 무척이나 좋아했다. 그리고 올해. 할아버지가 사 온 케이크에 직접 초를 꽂으며 "내 생일이야!!" 외치더니, 온 가족과 함께 생일 노래를 부르고, 가지런히 꽂힌 다섯 개의 초를 힘껏 끄며 행복한 얼굴을 지었다.

특별한 기념일이 아니어도, 아이들은 케이크만 있으면 신이 난다. 초에 불을 붙이고, 입으로 바람을 불어 끄는 게 그렇게 재밌나 보다. 한 번은 작은딸이 '솜사탕 케이크'라는 이름의 간식을 사다 주었는데, 상품명 때문인지 작은 초가 함께 동봉되어 있었다. 솜사탕 위에 초를 꽂아 불을 붙여주었더니, 진짜 케이크도 아닌데 마치 진짜 생일 케이크처럼(?) 좋아하며 신나게 노래를 부르고 초를 껐다. 이후에도 초를 켜고 끄는 것을 몇 번이나 반복했다. 그날 이후로 작은딸은 웅이가 좋아한다며 가끔씩 솜사탕 케이크를 샀다. 별거 아닌 일에도 환하게 피어나는 아이의 웃음 속에서 어른들은 더 큰 행복을 발견하게 된다.

나는 알코올 프리 근데 취해

 우리 애들 일찍 재우고 이 서방 오면 치맥할까?

너무 좋지~

　우리 가족은 모두 맥주를 좋아한다. 세계 각국의 다양한 맥주를 찾아 마시고, 하루의 마무리를 시원한 맥주와 함께한다. 하지만 좋아하는 마음과는 달리 웅이가 태어난 뒤로 맥주 마시는 횟수가 현저히 줄었고, 설이가 태어난 후로는 더 줄었다. 자의 반, 타의 반으로 강제 금주 생활이 시작된 것이다. 덕분에(?) 손주를 돌보지 않는 날, 내 집에서 마음 편히 마시는 맥주는 더욱 달고 시원하게 느껴진다. 그날도 사위의 퇴근이 늦어져 딸의 집에서 하룻밤 자기로

한 날이었다. 저녁이 마땅치 않아 치킨이나 시켜 먹을까 하고 생각하니, 자연스레 시원한 맥주가 떠올랐다.

 저녁을 일찍 먹은 웅이를 재빠르게 씻기는 동안, 큰딸은 설이의 마지막 수유를 준비했다. 목표는 이 서방이 퇴근하기 전에 두 아이를 재우는 것. 거실 조명을 어둡게 조정하고 잠잘 준비를 마치자, 웅이는 할머니랑 더 놀겠다며 잠드는 걸 거부했다. 책 한 권을 읽어주니 또 다른 책을 가져온다. 마치 할머니와 엄마의 육퇴 후 맥주 계획을 눈치라도 챈 듯, 웅이도 설이도 쉽게 잠들지 않았다. 평소보다 길게 느껴졌던 아이들의 취침 시간. 우여곡절 끝에 아이들이 잠드니 때마침 사위가 퇴근했다. 모두가 말소리, 발소리를 줄이며 식탁 앞에 모였다. 혹시나 아이들이 깰까 봐 베란다로 나가 조심스레 맥주 캔을 땄다.

 설이가 밤에 칭얼댈 수 있으니 적어도 한 사람은 무조건 무알코올 맥주를 마신다. 그럼에도 이 시간은 참 행복하다. 사위는 장모님이 애써주시는 덕분에 이런 시간도 가질 수 있다며 술친구를 잘 해준다. 늘 잠이 고픈 딸은 맥주 한 캔에 취한다며 먼저 잠자리에 드는데, 사위는 끝까지 자리를 지켜준다. 효도 차원이겠지만 늦은 시간에 퇴근하고도 장단을 맞춰주는 모습에 고마운 마음이 든다. 그렇게 무알코올 맥주를 마시면서도 참 재밌는 시간을 보낸다.

시간의 속도

오랜만에 포포를 데리고 큰딸 집에 갔다. 둘째 손주가 태어난 후로는 되도록 작은딸과 남편에게 포포를 맡기고 다녔다. 나이가 들어서인지 웅이의 쉴 새 없는 장난을 버거워했고, 설이의 입방구 소리를 무서워했다. 집에 돌아오면 피곤했는지 잠만 자는 날이 많았다. 사람 나이로 치면 70세를 훌쩍 넘었다고 하니 힘들만도 하다.

웅이는 포포와 공놀이하는 걸 무척 좋아한다. 공을 던지면 출발 신호라도 되는지 웅이와 포포는 함께 힘차게 뛰어가 공을 가져온다. 웅이는 땀을 뻘뻘 흘리고, 포포는 연신 헐떡이면서도 서로 잘 어울려 논다. 그렇게 한참 놀다 보면 포포는 지쳐서 한쪽 구석에 가 누워버리는데, 웅이는 지치지도 않는지 포포의 이름을 연신 부르며 계속 놀자고 보챈다. 설이는 포포가 공놀이에 지쳐 누워있을 때를 공략하는 편이다. 쉬려고 가만히 누워있는 포포에게 열심히 기어가 다리를 만지는데, 그 손길이 제법 터프하다. 그러면 포포는 설이가 혼자의 힘으로 갈 수 없을 만한 곳으로 조심스레 피신한다. 익숙하고 포근한 집은 귀여운 아기들의 가장 안전한 놀이터다.

 포포는 할아버지 강아지야. 힘들어서 오래, 많이는 못 놀아. 쉬었다가 내일 또 놀자!

포포는 작잖아. 아직 아기야! 나는 안 힘들어!

웅이의 대답은 단순하고 맑았다. 세상의 속도를 모르는 아이와 벅찬 속도를 가까스로 따라잡는 강아지. 아이들은 놀랍도록 빠르게 성장하고, 강아지는 조용히 늙어간다.

쉬 안 마려워요

우리는 서로를 보며 자란다

남매 전쟁

　3살 정도 터울이 지면 동생을 이해하고 배려할 줄 알 거라 생각했건만, 크나큰 착각이었다. 동생과의 첫 만남은 감동 그 자체였다. 조심스레 다가가 손을 잡아보고, 귀엽다고 연신 말하던 모습이 지금도 생생하다. 하지만 시간이 흐르면서 엄마, 아빠의 사랑을 동생과 나누어 가져야 함을 알아가며 하루가 다르게 동생을 대하는 자세가 달라졌다. 배냇저고리에 싸여 눈만 깜빡이며 인형처럼 누워 있을 때는 신기한 듯 가끔 들여다보기도 했지만, 이내 관심을 접고 장난감을 가지고 평소처럼 잘 놀았다. 하지만 동생이 뒤집기를 하고, 기어다니기 시작하면서 상황은 달라졌다. 질투인지 경쟁심인지, 어느 순간부터 서서히 신경을 쓰기 시작하며, 모든 것은 본인이 우선이어야 했다.

엄마, 아빠는 나하고만 놀아야 하고, 모든 장난감 -심지어 치발기나 딸랑이까지- 모두 내 것이어야 했다. 동생을 안아주면 똑같이 안아주어야 했고, 그래야 마음이 풀렸다. 그렇게 시기하는 마음이 조금씩 커졌다. 물론 동생이 태어났을 때 큰아이의 감정을 최우선으로 생각하려 애썼다. 더 많은 시간을 함께 보내고, 더 자주 사랑을 표현하며 말해주었다. 동생이 생겼지만 엄마, 아빠는 여전히 너를 사랑한다고. 넌 언제나 최고라고. 함께 살아가는 방법을 자연스럽게 배워가기를 바랐다.

하지만 이론은 언제나 현실과 다르다. 장난감 자동차를 가지고 놀다가도, 블록을 맞추고 있다가도 동생이 옆으로 기어 오기만 하면 큰아이는 소리를 지르며 기어코 오지 못하게 막았다. 영문을 모르는 한 살배기 아기는 그저 맑은 얼굴로 웃기만 한다.

설이가 이쪽으로 오겠어요. 못 오게 막아주세요!

(???) ㅎㅎㅎㅎ

같이 사이 좋게 놀아야지~

싫어! 이거 내꺼야!!

   처음엔 조용조용 타이르던 엄마의 목소리도, 몇 번 반복되니 톤이 높아지고 소리가 커진다. 생각해 보면 어렸을 적 나도 언니, 동생 때문에 억울하다고 느낀 순간들이 참 많았다. 형제, 자매란 누구에게나 인생의 첫 번째 경쟁자이자 평생의 동반자이다. 하지만 그 사실을 깨닫는 건, 아마도 아주 먼 훗날의 일이겠지.

어디 어디 숨었니 민들레

  매일 아침, 웅이의 유치원 등원 준비로 집 안은 분주한 전쟁터가 된다. 해가 뜨기도 전에 먼저 일어난 웅이와 한바탕 놀아주며 하루를 시작하고, 이어서 아침을 챙겨준다. 시간이 좀 더 지나면 간식을 먹이고, 양치질까지 마친다. 잠깐 더 놀다 보면 어느새 옷 갈아입을 시간이 되고, 그때부터는 본격적인 협상과 설득이 시작된다. 부탁과 회유, 가끔은 살짝 협박(?)도 하며 등원 준비를 마치고 나면, 신발장 앞에서 이미 하루의 에너지를 다 써버린 기분이다.

  도보로 등원하는 웅이는 유치원까지 가는 길도 결코 쉽게 허락하지 않는다. 걸음걸음마다 웅이의 눈을 사로잡는 자연이 펼쳐져 있기 때문이다.

이 꽃은 이름이 뭐야?

 철쭉~

 저 나무에는 왜 지렁이가 붙어있어요?

 지렁이처럼 보이는 건 소나무 꽃이야.

   수많은 질문을 쏟아내고, 궁금증이 해소되어야만 다음 걸음을 뗀다. 등원 시간은 점점 다가오는데 늦을까 마음이 바빠지는 건 엄마뿐이다.

   가을과 겨울엔 솔방울, 요즘 같은 늦봄에는 지천으로 널린 민들레 꽃씨가 웅이의 마음을 사로잡는다. 절대 그냥 지나치는 법이 없다. 입으로 후~ 하고 불면 두둥실 날아가는 꽃씨를 바라보며 세상 행복한 웃음을 짓는다. 분명 등원할 때 눈에 보이는 모든 민들레 꽃씨를 찾아 불었는데, 희한하게도 하원 길에 또다시 민들레 꽃씨가 피어있다. 웅이 눈에는 민들레 꽃씨가 남들보다 열 배는 더 잘 보이는 것 같다. 매번 새로이 발견하는 게 참 신기하다. 등원 길에

만난 민들레는 유치원 선생님께 드릴 선물이 되고, 하원길에 발견한 민들레는 동생 설이의 선물이 된다.

 웅이의 민들레 꽃씨 사랑을 오래도록 지켜봐 온 터라, 나도 어느새 마당의 민들레를 화초처럼 아끼게 되었다. 마당의 울타리를 따라 스스로 피어난 냉이꽃이며 애기똥풀은 가차 없이 솎아내면서도, 민들레만큼은 귀하게 여긴다.

너를 사랑하는 100가지 방법

내 아이들을 키울 땐 누구의 눈치도 보지 않았다. 상하의 색깔이 따로 놀아 옷이 서로 어울리지 않아도, 분유를 적게 먹는 날이 있어도, 울음이 평소보다 조금 길어도 괜찮았다. 어쨌든 품 안의 아기 엄마는 나였고, 온전히 내 책임이니 상관없었다. 하지만 손주는 다르다. 딸이 일을 마치고 집으로 돌아올 시간이 가까워지면 왠지 모르게 마음이 조급해진다.

딸이 뭐라고 한 적은 없지만 오늘따라 설이가 분유를 40ml 적게 먹어 배가 고프진 않을까, 낮잠을 평소보다 조금밖에 안 자서 짜증을 내지는 않을까, 침을 제법 흘렸는데 턱받이만 갈아줘도 되는 걸까, 아니면 옷까지 갈아입혀야 하나... 아이의 기분과 표정이 최상으로 유지되길 바란다. 집으로 돌아온 딸이 아이를 보는 순간, 피곤한 하루가 눈 녹듯 사라지고 다시 힘을 낼 수 있었으면 하는 마음에서다.

딸이 귀가하면 자연스레 하루의 수다를 시작한다. 설이가 언제 작고 귀여운 응가를 했는지, 낮잠은 얼마나 잤는지, 또 오늘 하루 나를 얼마나 웃게 만들었는지 말이다. 그러다 은근슬쩍 오늘은 설이가 유난히 잠을 안 잤다고 힘들었던 일을 보태 알아달라는 듯 생색도 낸다. 그러면 딸은 설이를 번쩍 안아 들며 "설아! 눈치 좀 챙기자. 우린 할머니한테 잘 보여야 해~" 하며 웃는다.

할머니의 손주 돌봄은 내리사랑으로 시작됐다. 말로 표현할 수 없을 만큼 사랑스럽고 귀한 존재지만, 그보다 더 큰 이유는 딸 때문이다. 피곤한 하루 끝에 웃는 아이를 보며 "오늘 하루도 힘들었지만, 네가 웃는 덕에 행복하다."고 말하는 딸의 얼굴을 보고 싶어서다. 내 행복은 곧 딸의 행복이고, 그 행복을 지키고 싶어 손주를 어제보다 오늘 더 사랑한다. 그래서 힘들지 않다. 웅아, 설이야, 기분이 안 좋으면 하루 종일 울어도 돼. 정말 괜찮아. 그러니까 딱 하나만 부탁할게. 엄마가 들어오기 직전에는 제발 울지 말아주렴;;

여행을 떠나요 힘들 게 별로 없어요

웅이의 첫돌이 지나면서 (아이에게는 커다란 이유가 있었겠지만) 무작정 우는 일이 없어졌고, 떼를 써도 명확한 이유가 있어 해결할 수 있었기에 한결 수월했다. 그 무렵 딸이 지난 1년간 고생했다며 함께 여행을 가자고 했다. 웅이는 내가 봐줄 테니 둘이서 편하게 다녀오라고 했지만, 딸은 고개를 저으며 다 같이 가는 가족 여행이라고, 무슨 소리냐고 한다. 이미 제주도 비행기표를 끊어놨고, 자동차 렌트를 했고, 아이와 함께 머물기 편한 숙소도 잡았다고 했다.

물론, 내가 사랑하고 아끼는 가족과 함께하는 여행은 행복한 일이다. 하지만 평소에도 지겹도록(물론 말뿐이지, 실제로 지겹진 않다. 딸과 사위, 손주들이 오해하지 말기를!) 하던 손주 돌보기가 여행으로 이어진다면 그건 여행길이 아니라 고생길임을 나는 안다. 집 떠나면 개고생이니까...!

젖먹이를 키워본 사람은 알 것이다. 기저귀와 분유만으로도 이미 여행 가방의 절반은 찬다. 거기에 혹시 모를 상황을 대비한 여벌옷, 비상약, 간식, 장난감, 애착 인형, 유모차까지 챙기다 보면 출발도 하기 전에 지쳐버린다. 그런데도 여행은 언제나 설렌다. 현실에서 잠시 벗어나는 가장 즐거운 도피처이자 미래를 위해 오늘을 충전하는 배터리 같은 시간이다. 특히 사랑하는 가족과 함께하는 여행은 우리 삶을 더욱 충만하게 만든다.

딸 가족과 공항에서 만나 제주도로 떠났다. 두 식구의 짐이 합쳐지니 어쩐지 할머니와 할아버지는 짐꾼이 된 것 같았지만, 오랜만에 집을 벗어나니 기분 전환도 되고 상쾌했다. 게다가 비행거리가 짧은 덕분에 비행기를 처음 타본 웅이의 컨디션도 나쁘지 않았다. 마당이 딸린 아늑한 숙소에 짐을 풀면서 잠시나마 마음이 놓였다.

하지만 낯선 환경에 낮잠까지 제대로 못 잔 웅이는 식당에 도착할 즈음부터 칭얼대기 시작하더니, 이내 울음을 터뜨렸다. 익숙하지 않은 장소, 어수선한 분위기, 바뀐 공기 탓인지 한번 시작된 울음은 쉽게 멈추지 않았다. 서로 돌아가며 안고 달래느라 저녁을 먹는 둥 마는 둥 했다. 결국 서둘러 숙소로 돌아오는 길에야 웅이는 울다 지쳐 잠들었다. 우리는 속삭이듯 말하고 발소리도 조용조용 내며 인기척 하나 없이 숙소로 들어왔다. 여행 왔는데 평소랑 다를

게 뭐가 있냐며 서로를 보고 웃었다. 관광지도, 맛집 투어도 다 건너뛰고 포장과 배달로 식사를 대체하며 숙소 근처를 산책하는 게 대부분이었지만, 서로를 배려하며 보낸 그 시간은 오히려 더 깊은 가족애를 느끼게 해주었다.

시간이 흘러 설이의 돌봄도 계속되었다. 그러던 어느 날 딸이 또다시 제안했다. "엄마! 우리 이번엔 휴양지로 여행갈까?" 이번엔 무려 해외여행을 꿈꾸고 있었다. 더 먼 길이다. 오우!!! 노우!!!!

...그리고 우리는 여행을 한 번 더 다녀왔다.

부부싸움은 눈치싸움

큰딸과 사위는 여전히 사이가 좋다. 싸우는 모습을 본 적이 없고, 싸우더라도 굳이 내색하지 않는다. 하지만 어쩔 수 없이 집안 공기가 싸하게 느껴질 때가 있다. 딸도 사위도 전혀 티를 내지 않지만, 여전히 살갑게 구니 그저 눈치로만 짐작할 뿐이다. 그날도 그랬다. 웅이가 막 걸음마를 시작했을 무렵, 아이를 돌봐주러 갔는데 외출 준비를 하는 딸이 무슨 일인지 심기가 불편해 보였다.

 무슨 일 있어?

 아무 일도 아니야.

딸은 건성으로 대답했다. 그래, 나는 몰라도 되지. 굳이 캐묻지 않았다. 하지만 그냥 지나치기엔 마음에 남아 한마디 덧붙였다.

> 싸울 수도 있지.
> 그래도 아이 앞에서는 되도록 싸우지 마.
> 난 너희 앞에서 싸운 적도 있지만,
> 지금은 많이 후회하고 있어.
> 그거 습관이 되거든.
> 아이는 그저 엄마, 아빠 사랑만 받아도
> 부족한 시기야. 괜히 기죽거나
> 눈치 보게 만들지 말자.

> 걱정하지 마, 엄마.
> 우린 싸우면 오히려 서로 더 아이를 챙겨.
> 아이랑 있는 사람이 자연스럽게
> 우선권이 생기거든.
> 그럼 이유식도, 설거지도, 청소도 안 해도 돼.
> 서로 눈치 보느라 나머지 한쪽이
> 알아서 하게 돼!

순간 웃음이 났다. 집이 유독 깨끗하면 싸운 거였나? 현명하다고 해야 하나... 뭐, 애초에 안 싸우는 게 가장 좋겠지만, 부부 사이에 늘 꽃길만 있는 건 아니니까. 이젠 아이가 둘이 되었으니 더 힘들겠지. 어? 그럼 손주가 둘이 된 지금은? 아이를 각자 한 명씩 맡아 놀아주면 집안일은 누가 하는 거지? 이제 집이 엉망이면 그게 싸운 게 되는 건가?

동생 관찰 일지

딸은 아이들을 비교적 자유롭게 양육하는 편이지만, 안전에 관해서만큼은 항상 철저하다. 웅이가 기어다니기 전부터 현관과 부엌에 아기 울타리를 설치했고, 사용하지 않는 콘센트는 모두 막아 놓았다. 웅이의 손이 쉽게 닿는 서랍장은 일찌감치 잠금장치까지 달아두었다. 혹시라도 아이가 손을 잘못 넣어 다치거나 위험한 물건을 꺼낼까 봐 미리 대비한 것이다. 그래서일까 아이는 조심성이 많은 건지, 아니면 겁이 많은 건지, 말을 알아듣기 시작한 후로는 '돌다리도 두드려보고 건너라'라는 속담처럼 매사에 신중하고 서두르지 않는 편이었다.

첫째와 달리 둘째를 키울 때는 많은 걸 내려놓기 마련이다. 특히 아기 울타리가 그랬다. 설이가 기어다니기 시작할 무렵, 웅이는 한창 뛰어놀며 집 안을 종횡무진할 시기였다. 울타리를 설치하면 오히려 웅이의 동선을 막는 것 같아 설이가 오빠와 자연스럽게 놀 수 있도록 아기 울타리를 설치하지 않기로 했다. 하지만 설이는 모든 걸 입으로 탐색하는 시기였고, 바닥에 떨어진 작은 이물질이라도 입에 넣을까 봐 늘 신경이 쓰였다. 딸은 매일 아침 청소기를 돌리고 눈에 띄는 먼지나 부스러기를 수시로 닦아냈지만, 완벽하게 막을 수는 없었다. 그래서 딸은 웅이에게 동생이 입에 무어가 넣으려고 하는 모습을 보면 꼭 엄마한테 말해달라고 당부를 하곤 했다.

웅이는 말을 아주 잘 들었다. 설이가 작은 장난감을 입에 대기라도 하면 "엄마! 설이가 만져요! 입에 먹어요!"라며 큰소리로 알려주었다. 그러면 엄마는 일부러 목소리에 힘을 주며 "설이야! 이건 위험하니까 먹으면 안 돼!!" 하며 살짝 야단을 치는 척하고는, 웅이에게는 따뜻한 미소로 "에구, 동생이 걱정되었구나. 말해줘서 고마워~" 하고 칭찬을 아끼지 않았다. 갑자기 나타난 동생에게 사랑을 빼앗긴 것 같아 서운했을 웅이에게, 착한 오빠로서 인정받는 새로운 기회가 생긴 셈이다. 그래서인지 웅이 얼굴이 어쩐지 으쓱해 보였다.

그런데 요즘 또 다른 에피소드가 생겼다. 웅이가 놀이방 문을 닫고 말도 통하지 않는 동생과 뭔가 속닥거리더니 갑자기 "엄마! 엄마!"하고 부른다. 설이가 뭔가 말썽을 부렸다고 일러바친 것이다. 엄마가 설이를 혼내는지 살펴본 뒤, 야단치지 않는다는 걸 확인하면 이번엔 웅이 본인이 슬쩍 비슷한 말썽을 따라 한다. 혼나는지 아닌지 지켜보고는 괜찮겠다 싶으면 엉뚱한 장난을 치는 것이다. 이 귀여운 녀석들은 이렇게 매일 티격태격 하면서도, 함께 시간을 쌓아가며 천천히 우정을 싹틔우는 중이다.

가족 카톡방

카톡이 조용하다. 딸의 집에 가지 않는 날, 몸은 한결 가벼워도 마음은 늘 웅이와 설이를 향해있다. 이쯤이면 웅이는 일어났겠네. 그럼 설이도 곧 깨겠구나. 아침은 좋아하는 시리얼과 딸기로 챙겨 먹었을까? 등원 준비는 다 했을까? 청소기를 돌리면서도 머릿속으로는 아이들 생각뿐이다. 혹시 아이들 사진이 도착했을까 싶어 가족 카톡방을 열어보지만 아직 조용하다.

하루건너 얼굴을 보는 손주들이지만, 순간순간 포착된 귀여운 사진 하나면 하루가 다르게 느껴진다. 그래서 딸에게 더 많은 사진을 보내라며 협박(?)도 한다. (그리고 나도 친정엄마에게 증손주 사진을 보내달라는 같은 요구를 받는다.) 아이들 사진 한 장으로 시작된 가족 카톡방의 대화가 백 마디로 이어지는 건 기본이다. 종종 등장하는 아이들의 웃긴 사진은 이모티콘 대신 짤(?)처럼 쓰이기도 한다. 남편은 울려대는 가족 카톡방 알림 소리에 무음으로 바꾼 지 오래다. 가끔 확인해 보면 [읽지 않은 메시지 172개]가 반겨준다. 꽤 수다스러운 카톡방이다. 오늘도 큰딸에게 카톡을 보낸다. 설이는 낮잠 자고 있니? 자는 모습 좀 보내주라~~

할머니의 할머니,
내 순창 할머니

할머니가 되니, 종종 내 할머니가 생각난다. 내가 서른 중반쯤 돌아가셨으니 어느덧 30년이 다 되어간다. 도시와 멀리 떨어진 시골에 계셔서 그랬는지 참으로 옛날 분이셨다. 기억 속의 할머니는 카랑카랑한 목소리를 지녔지만, 별반 말씀이 없으셨다. 자그마한 얼굴에 누렇게 변색된 흰 치마저고리를 걸치시고, 은비녀로 쪽을 지셨다. 아침이면 긴 머리를 참빗으로 빗고, 머리를 땋은 후 쪽지던 모습이 아직도 생생하다. 무슨 맛인지 늘 궁금했던 긴 대나무 곰방대를 수시로 입에 물고 계시기도 했다.

방학이면 늘 할머니 댁에 놀러 갔다. 큰 대문을 열고 들어서면 바로 보이는 툇마루에 앉아 계셨는데, 내가 들어서는 걸 확인하고 잠시 웃으시다가 금세 무심한 얼굴로 바뀌곤 했다. 따뜻한 할머니 상은 아니었다. 오히려 같이 사시는 큰엄마께서 귀찮을 법도 한 어린 나를 더 살뜰히 돌보아 주셨다. 그럼에도 할머니는 밤이면 마당에 있는 변소가 무서워 발을 동동거리는 내 손을 잡고 함께 가주셨다. 큰엄마가 입이 심심할 때 드시라며 사다 드린 사탕을 아껴뒀다가 내게 주셨고, 겨울이면 하얗게 분이 핀 귀한 곶감을 몰래 가져다 주셨다. 여름 해가 질 녘 밥때가 되면 동네 어귀에서 놀던 나를 찾아 구부정한 모습으로 걸어오셨는데, 밥을 먹으라며 "오자야! 오자야!" 크게 내 이름을 부르시던 그 목소리가 아직도 귓가에 선명하게 들리는 듯하다.

 할머니와 큰엄마 두 분만 살던 집은 말 그대로 옛날 집이었다. 아궁이에 불을 때야만 밥을 하고, 따뜻한 물을 쓰고, 방을 덥힐 수 있었다. 도시에서 살던 나에겐 불편한 시골집이었지만, 어린 시절의 따뜻한 기억은 모두 그곳에서 피어났다. 남편은 나더러 촌구석에서 태어나 도시로 시집왔다며 성공한 인생이라고 놀리곤 한다. 그 집은 이제 현대식으로 개조되어 진즉에 은퇴한 사촌 큰오빠가 별장처럼 사용하신다. 아주 가끔 근처로 여행을 가면 일부러 돌아가서라도 내 마음의 고향 집을 담장 너머로 보곤 한다. 시간을 넘어 다시 어린아이로 돌아가는 순간이다.

우리는 서로를 보며 자란다
할머니라는 계절

ⓒ 서오자, 2025

초판 1쇄 발행 2025년 6월 9일

지은이	서오자
펴낸이	정나영
기획·편집	오운 편집부
디자인	제이
본문 일러스트	제이, 클로피(@clofi.a.day)

펴낸곳	오운
출판등록	제2020-000071호
주소	서울시 서초구 동산로2길 40 리라빌딩 203호
전화	031-262-1673
팩스	031-624-7673
홈페이지	www.owoon.co.kr
인스타그램	@book.owoon
전자우편	book.owoon@gmail.com (투고·편집)
	contact.owoon@gmail.com (유통·사업 제휴)

ISBN	979-11-92814-47-6 (03810)

잘못 만들어진 책은 구입하신 곳에서 바꾸어 드립니다.

저작자 서오자와 출판사 오운의 서면 허락 없이는 이 책의 내용 전체 또는 일부를 이용할 수 없으며 무단전재 및 무단복제를 엄격히 금지합니다.